Harvard Business Review Press

自信

ハーバード・ビジネス・レビュー編集部 編

DIAMONDハーバード・ビジネス・レビュー編集部 訳

ダイヤモンド社

Emotional Intelligence EI シリーズ

CONFIDENCE

HBR Emotional Intelligence Series

by

Harvard Business Review

Published by arrangement with Harvard Business Review Press, Brighton, Massachusetts
through Tuttle-Mori Agency, Inc., Tokyo

自信 CONFIDENCE 目次

［日本語版に寄せて］

「自信」の構造

教育改革実践家　**藤原和博**

なぜ、日本の子どもたちの「自信」は傷つくのか？

よく知られているように、日本の子どもたちは国際調査でもセルフ・エスティーム（自尊感情）レベルが低い。「自分はOKだ」「自分の将来は明るい」「自分の力で未来は拓ける」というポジティブな感情が弱く、叱られるのを恐怖するあまり、叱られないように振る舞う態度がどんどん強くなっているようにも見える。

経済的な豊かさは向上し、人生の選択肢も増えているはずなのに、逆に「自信」を失っている状況はいったいどうしたことだろうか。

私は、次のようなことが主たる要因ではないかと考えている。

核家族化と少子化が同時に起こり、さらに地域社会の機能が後退もしくは衰退したこと。どういうことかを解説しよう。

まず、子どもの数が減れば、親は一人ひとりの子育てに手をかけられるから、一見、子どもが大事にされる分、セルフ・エスティームが向上してもいいように思う。

ところが現実には、親と子の関係が密になることで、親は子の日常の些細なことまで目に入ってしまうから注意を促すことも多くなる。しっかりした親であればあるほど、自分の子は立派に育って欲しいものだから、叱咤激励が多くなるのだ。

とりわけ「早く、ちゃんとできる、いい子」に、という子育て感覚は多くの親が持っている。それで「早くしなさい」「ちゃんと靴を履きなさい」「いい子にしてなきゃダメよ」というような言葉がけが繰り返されることになる。

結果、子どもからすれば、親から「〇」をもらうことより「×」をもらうケースのほうが多くなるはずだ。家に同居している期間はこの「早く、ちゃんとできる、いい子」の呪縛から逃れられないだろう。

実は、学校でも同じことが起こる。先生は、少子化で一クラスの人数が減っているから、一人ひとりの子を丁寧に見て指導できるようになった。すると学校でも、熱心な先生であればあるほど、褒めるより注意することのほうが多くなるのは必然だ。

こうして子どもは、家庭でも学校でも、総じて「○」より「×」をもらうことのほうが多くなるから「自信」を失うのだ。普通の親や先生はみな無意識にやっている習慣なので、これは決して虐待とは呼ばない。

この傾向を助長しているのは、核家族化と地域社会の衰退だ。

昔から、しつけに厳しい家庭はあったと思う。それでもセルフ・エスティームがここまで傷つけられることがなかったとすれば、それは兄弟が多かったり祖父母と同居していたりすることで、親子の「タテの関係」で叱られても、それをいなす機能があったからだろう。お兄さんが盾になってくれたり、お姉さんが「お父さんはああ言ってるけど大丈夫よ」と慰めてくれたり、おばあちゃんが内緒で応援してくれたり。

また、地域社会との関係が良好なコミュニティでは、家を追い出されるようなことがあっても八百屋のおばちゃんが癒やしてくれたり、いじめられてもかくまってくれたり、どこかのおじちゃんがスポーツ選手になりたいというボクの夢を無条件に褒めて背中を押してくれるようなこともあった。

兄弟姉妹や祖父母、そして地域社会にいる兄弟役やおじさん、おばさん役のような、直接利害関係のない第三者との関係を「ナナメの関係」と呼ぶ。

現代っ子は、この「ナナメの関係」が圧倒的に不足しているから、親子や先生・生徒の「タテの関係」で叱られたり、友達同士の「ヨコの関係」で孤立したりすることを異常に怖がっている。

だから結果的に「自信」を失い「叱られたくないシンドローム」にかかるのだ。

「根拠のない自信」をどう育むか

では、どうすれば、この「自信」を取り戻すことができるのか。

私は、『僕たちは14歳までに何を学んだか』(ＳＢクリエイティブ)で、未来を切り拓くニューリーダー四人に幼い頃どんな風に育てられ、どんな遊びをし、何を学んだかを突っ込んでインタビューすることで、この疑問に答えようとした。キングコングの西野亮廣、SHOWROOM創業者の前田裕二、ホリエモンこと堀江貴文、DMM.COMグループ会長の亀山敬司（以上敬称略）の四名である。その際、セルフ・エスティームとか自尊感情という心理学用語ではなく、「根拠のない自信」というやさしい言葉遣いに改めた。私を含めて五人に共通しているのは、状況を打ち破るために、あまり計算せずに突っ込んでいく勇気もしくは無謀さのようなものだったからだ。

ゴルフに例えれば、ショートホールで本来はグリーンが見えるはずなのに霧がかかって見えない状況があったとする。この時多くの人は霧が晴れるのを待ってしまう。でも、不確実な現代社会の有り様はというと、ずっと霧が晴れることはない。

だとすれば、グリーンがあるだろうと思われる方向にボールを打ち出していく勇気がいる。考えるよりやってみて学ぶことの方が多いからだ。何打目かにグリーンが見えてきて、やがてピン（旗）が見え、さらに打てばホール（穴）にボールを入れることができるだろう。この間、一五分で一五回打ったとしても、その経験値を携えて次のホール（次のステージ）にさっさと行ける。あなたが、まだ一時間も霧が晴れるのを待っている間に、である。

コロナ以降の社会では、ゲームのルールが変わったのだ。手数を出して経験値を積み上げたほうが勝ち。待っていたら負け。ようは、時間の勝負なのだ。

だから「早く、ちゃんとできる、いい子」のサラリーマンより、「根拠のない自信」でドンドン進んでいく改革者（イノベーター）が時代を拓くことになる。


その「根拠のない自信」を育むのは、次の三つの体験のように思われる。

①誰かに無条件に愛された体験

通常は母親から無条件に愛されたという感覚が軸になるが、ＳＨＯＷＲＯＯＭの前田さんのケースでは早くに両親を亡くされているので、その役割はお兄さんだった。

②遊びでの豊富な成功体験

遊びの中での想定外や二律背反のケースで、どんな風にその状況を乗り切ったか。突然雨が降ってきた時にどのようにゲームのルールを変えたのか、とか。
キングコングの西野さんのケースでは、必ずしも経済的に恵まれていない中で、レゴで遊びたくてダンボールを加工して自分で作って遊んだとか、自転車を加工して乗るのが楽しくて、バスの運転手が握る丸くて大きなハンドルを装着して乗っていたとか。

③ナナメの関係の人々との豊かな体験

「前に進んでも大丈夫」「やってみればなんとかなる」「道は拓けるだろう」という感覚は、親や先生に教えられたというより、コミュニティにおける「ナナメの関係」の人間関係が豊かで、少年の頃のやんちゃや失敗が許されていたという効果のほうが大きい。少々のことは大丈夫という社会的寛大さの刷り込みだ。

ここまで読んで、読者はもう気づいたと思うのだが、これは決して現代社会の子どもだけに当てはまることではない。あなた自身の「自信」がどう育まれたのか、どのように傷つけられたのかに想いを馳せてもらえれば、理解が深まるはずだ。

「自信」というのは「自分に対する信用」

さらに、今度は「自信」というのは「自分に対する信用である」という本来の意味に戻って、その構造を解き明かしてみよう。

まず、信用とは何か？……である。これについては拙著『45歳の教科書』（ＰＨＰ研究所）で詳しい分析を試みていて、その一部をＮｅｗｓＰｉｃｋｓに掲載したところ大評判になったことがある。

ここでは結論だけを述べるが、信用とは信頼と共感を掛けたものであり「他者からの信任の総量」のこと。信任というのは、この人物にはここまで任せていいだろうと他者が下す判断のことだ。政治家なら得票数だとも言えるし、米国の大学では取得単位数のことをクレジットと呼ぶから、積み上げた学業成績もこれに当たる。

つまり、信用＝ƒ（共感、信頼）＝他者からの信任の総量、という式が成り立つことになる。信用は、共感と信頼の関数なのだ。

信任を得るためには、他者から感情的に共感されなければならないし、同時に、理性的に信頼されなければならない。

この感情面（情緒面）と理性面の両方が必要だというのがミソである。

だとすれば、「他者」という言葉の代わりに「自分自身」を挿入して、自分が自分をどう信任しているかが「自信」につながるのだという理屈がわかるはずだ。

まず、「**自分に対する共感**」をどう育むのか。

これが、前述した「根拠のない自信」の話になる。たとえば母親に無条件に愛情を注がれた子には、もう既にこの基盤ができていると言えよう。

「自分はＯＫだ」「やっちゃっても大丈夫」「なんとかなるだろう」という、基本的に周囲の世界を信用する態度である。「根拠のない自信」の基盤があると、チャレンジすることを厭わない人生が始まる。逃げたり避けたり断ったりするのではなく、まずやってみて、失敗しながら試行錯誤を繰り返していけばいいというイノベーターの態度だ。

学校文化は残念ながら「正解主義」「前例主義」「事なかれ主義」で、正解しか教えない、前例がないとやらない、リスクがあることは避けて通る風潮がある。

しかし、自分に対する共感がある「根拠のない自信」を持つ人たちは、「修正主義」「先例主義」「事あれ主義」で物事に向かっていける。初めから正解なんてあるわけないのだから、やってみてから修正すればいい。前例がなければ、自分が先例を世の中に示そう。いろんな不具合や予期せぬトラブル、リスクがあっても上等だ。その方が人間として成長するし、自分の人生の物語が豊かになる、と考える。

次に、「**自分に対する信頼**」をどう育むのか。

これは、小さな成功体験をたくさん積み上げるしかないと思う。当然、失敗も、挫折も、病気になってしまうことだってあるだろう。それでも、その蓄積こそが自分の思考、判断、表現に対する理性的な面の自信につながる。

投資がいい例だと思う。株式では安く買って高く売るのが基本だ。でも、やってみればわかるが、それがなかなかできない。安くなると、もっと安値になるのではないかと不安で買えないし、高くなると、もっと高値になるのではと期待して売れない。だから体験を繰り返せば、長く持つことで高値になった株しか儲からないことがわかるし、小さく損切りした経験のある人にしかタイミングの良い損切りはできない。

「やってみて大丈夫だった」「ビビったけど向かっていったら勝てた」「厳しい戦いだったけど自分は成長した実感がある」……そうした小さな成功体験の蓄積が、「自分は運がいいほうだ」、だから「たいていのことは、ウダウダ悩んでないでやればなんとかなる」という自分の判断への信頼、すなわち自信につながるのである。

1

自分に自信をつける方法

エイミー・ギャロ
Amy Gallo

"How to Build Confidence,"
HBR.ORG, April 29, 2011.

自信がパフォーマンスを向上させる

自分に自信のない人がビジネスで成功することはない。だが、仕事らしい仕事はこれが初めてという若者から、経験豊富な企業経営者に至るまで、誰もが目の前の課題にたじろいで自信を失う瞬間がある。

自信喪失は数日で解消されることもあれば、数カ月、あるいは数年に及ぶこともある。こうした心理状態に対して免疫のある人はいないが、だからといって引き下がる必要もない。

「自信は安心感を生み、安心感は前向きな姿勢を生み、前向きな姿勢はパフォーマンスを向上させる」と言うのはトニー・シュウォーツだ。ジ・エナジー・プロジェクトの社長兼CEOであり、『すべてのことに卓越する』[注1]（未訳）の著者である。だが彼は「これまで出会った人のなかに、意識しているかどうかは別にして、不安のために苦しんだことのない人はいない」と認めている。

この自己疑念を克服するためには、自分の能力（および欠点）を正直に評価し、それを十分に活用（および修正）することが必要だ、とデボラ・H・グリュエンフェルドは言う。スタンフォード大学ビジネススクールのリーダーシップと組織行動の教授で、女性リーダーのためのエグゼクティブ・プログラムの共同ディレクターだ。

シュウォーツが説明する、自信が生む好循環を実現する方法を紹介しよう。

準備する

ピアノの先生の教えは正しかった。練習すれば完璧な演奏ができるようになる。「どんな分野でも、自信をつける最善の方法は、エネルギーを注ぎ込み、一生懸命取り組むことです」とシュウォーツは言う。この仕事は苦手だ、自分にはできないと思うと、多くの人はあきらめてしまう。しかしシュウォーツは、苦手だと思っているどんなことでも、計画的に練習すれば克服できると主張する。

自分の能力（たとえば、大勢の聴衆の前で話す能力、タフな顧客と交渉する能力など）が未知数の場合は、安全な環境でそのスキルを試すことから始めればよい。「練習はとても有効です。プレゼン当日までに人前で何度か同じ話をしてみる、新しい店を開く前にリハーサルを行うといったことで、自信もつくし、スキルも向上します」とグリュエンフェルドは言う。すでに自信のある人でも、しっかり準備すれば、もっと強固な自信を持つことができる。

自分の殻を破って一歩踏み出す

自信のある人は、積極的に練習するだけでなく、自分はすべてを知っているわけではないことを素直に認めることができる。「いつどんな助けが必要かわかっているほうが、わからないよりよい」とグリュエンフェルドは言う。「指導やサポートが必要だと認めるためには、ある程度の自信、具体的には学習能力に対する自信が必要なのです」

慎み深すぎて前に進もうとしないのもよくない。私たちは、他人が勝手に期待して押しつけてくる自分の役割を果たそうとして、無理してしまうことがよくある、とケイティ・オレンスタインは言う。女性が新聞で意見を表明できるように支援し、政策に影響を与えようとする非営利団体、オプエド・プロジェクトの創設者でありディレクターである。

「他者のために活かせる自分の価値に気づいた時、自信は自己プロモーションではなくなります」と彼女は言う。「そうなれば、自信という言葉自体が不適切であり、目的という言葉のほうがよいものとなるのです」

他人があなたやあなたが書いたものについてどう思うかを気にすることはやめ、あなたならではのユニークな視点に集中することを、オレンスタインは推奨している。

必要なフィードバックを求める

他人の評価だけで自分の価値を測りたくはないが、とはいえ、他者の目で検証してもらうことは、自信を築くうえで効果がある。グリュエンフェルドは、自分の成長やパフォーマンスの質を気にかけてくれる人に、いまの自分の状態や仕事ぶりがどう見えるかを尋ねることを勧めている。

その際、嘘偽りのないフィードバックをしてくれる人を選ぶことが肝心だ。耳に心地よいことしか言わない相手は信頼できない。信頼できる人が下してくれたポジティブな評価は、あなたを支えてくれるお守りのような効果がある。

他者からの手厚いサポートを必要としている人もいる。助けを求めることを恥ずかしがる必要はない。「たとえば、ホワイトハウス・プロジェクトが行った調査では、多くの女性は人に勧められなければ選挙に立候補しようとしないことが判明しました。男性には、そういう他人の評価や励ましを必要とするパターンは見受けられませんでした」とグリュエンフェルドは言う。褒めてもらうことが必要だとしても、まったく問題はない。

リスクを取る

自分の得意分野で勝負するのは賢明な戦術だが、新しいことにチャレンジすることを恐れるゆえの選択なら、その限りではない。真の試練にさらされなければ、自分に何ができるのかを本当に知るのは難しいものだ。

「できそうもないと思うことをやってみることに意味があります。失敗は自信をつけるのに役立ちますから」とグリュエンフェルドは言う。シュウォーツは「自分にできないことがあると考えるのは気分のよいことではないが、何かに習熟したければ、思い切って飛び降りる勇気が必要だ」と言っている。

だが、常に気分がよくないといけないなどと思わないことだ。実際、自分に負荷をかけることが成長のための唯一の方法だ。人の助けを借りて、それをやりやすくする方法がある。グリュエンフェルドが推奨する方法は、上司に、失敗してもそれほど大きな問題にならない範囲で、新しい仕事やスキルを発揮できる機会を与えてほしいと申し出て、それに取り組む際に指導やサポートを提供してほしいと依頼するというものだ。

基本的な心得

やるべきこと：

- 自分が知っていることと学ぶ必要があることについて、正直に分析する。
- 自信が持てないことを練習する。
- 難しいことにチャレンジする新しい機会を受け入れる。

やってはいけないこと：

- 他者のために提供できる価値について考える代わりに、自分に能力があるかどうかを過度に気にする。
- 第三者に自分を評価してもらうことをためらう。
- 他の人がどう思うかを気にする。自分の目で自分を見ずに、理屈で批判的に考える他者の目を通して見る。

ケーススタディ1：知識を獲得して自分の殻を破る

二〇一〇年、マーク・アンジェロは、ニューヨークの特別外科病院のCEOから、医療の品質と効率を改善するプログラムを作成して病院に導入するよう依頼された。マークがその病院で働き始めてから、まだそれほど時間が経っていなかった。最初は管理部門の職員として働いたが、オペレーションおよびサービスラインのディレクターに任命されたのだ。

経営コンサルタントとして働いたこともあるのでオペレーション戦略については覚えがあったが、病院でのプロジェクトのために必要なリーンシックスシグマについては詳しくなく、自分にはプログラムをゼロから構築する準備ができていないと感じていた。

特にマークは、病院の医師や看護師から必要な支援を得られないのではないかと心配していた。病院での経験がない若い管理者から、診療の品質を改善して効率を上げる方法を指図されたらおもしろくないと思うだろうことは、火を見るより明らかだった。

五カ月間、プロジェクトを軌道に乗せるために悪戦苦闘したがうまくいかず、マークは自信を失った。自分の不安がシックスシグマの知識不足にも起因していることを知っていたので、このテーマに関する論文や本を読み込み、専門のコンサルティング会社と話をし、同様のプログラムの開発と実施に成功した病院を訪ねて話も聞いた。

いずれも役には立ったが、それでもまだ、プログラムを成功させるために必要な協力を得られるかどうかという点で不安を感じていた、とマークは当時を振り返る。

「どうすれば組織を変革できるかわからなかったので、不安とストレスでいっぱいでした。自分の力だけではできないことはわかっていました。病院の経営陣や医師や看護師が全員で力を合わせなければ、実現できない取り組みでした」

マークは当初から自分をサポートしてくれているCEOと話した。家族とも話して、情緒面で必要な助けを求めた。そうした対話を通して彼は、自分の不安が同僚から好かれたい、それゆえ対立を避けたいという願いから生じていることに気づいた。

「CEOと話し、彼が状況をどのように扱っているかを観察した結果、自分が人に好かれようと努力するのではなく、尊敬されるために努力するほうがよいということを学びました」

それがターニングポイントとなった。他の人が自分をどう思うかを心配するのではなく、患者と病院にとっての最善を実現することに集中した。一二月に、彼はプログラムのビジョンを医療スタッフ全員に説明した。それが重要な瞬間であることを知っていた彼は、計画がどう受け取られるかが心配で緊張していた。

「最も厳しい選挙区で演説する立候補者のような気分で、それまで数カ月かけて開発してきたビジョンを提示しました」

彼のプレゼンテーションは拍手で迎えられた。「その時、自信がみなぎるのを感じました。そしてプログラムは実施に移され、病院の全員で大きな改革を実現することができました。自分を苦しめていた感情面の不調と知識不足を克服して、パフォーマンスと患者ケアを改善するのに役立つプログラムを構築することができて、本当に満足しています」

ケーススタディ2：自分が提供できる価値を知る

ジュリー・ジュオには言いたいことがたくさんあったが、どう言えば相手に聞いてもらえるかがわからなかった。フェイスブックの製品設計マネジャーとして、担当した製品については貴重な知識を身につけていたが、自分の考えを人に話すということについては自信がなかった。

彼女はどこにいても少数の女性であることに慣れてしまっていたのだ。スタンフォード大学でコンピュータサイエンスを勉強していた時もそうだったが、フェイスブックに勤め始めてからもそれは変わらなかった。

彼女は、自分の意見を表明するために努力する必要があることはわかっていた。しかし、少数派の女性であることだけが自信不足の理由ではなく、「インポスター症候群」（自分にはその価値や能力がないと不安に感じること）にも悩まされていたのだ。自分の考えは借り物にすぎず、自分の成功も努力してつかんだものではなく偶然転がり込んできたものだという思いにとらわれていた。

ジュリーは、人事部門の誰かが、オプエド・プロジェクトがスタンフォード大学で行ったワークショップの話をしているのを耳にし、大いに興味をそそられて参加した。そこで自分の考えを述べ、肯定的なフィードバックを得た。そして帰宅後、それまでの彼女ならとても考えられなかったようなことをした。

『ニューヨーク・タイムズ』に、匿名の人々がオンラインでディスカッションすることの危険性についての意見を投稿したのだ。彼女の投稿は掲載された。「あなたならできるわよ、と誰かが言ってくれただけなんです」とジュリーは説明する。

「自分の考えを新聞に掲載してもらうなどということは、それまで考えたこともありませんでした。でも実際には、全然難しいことではありませんでした」

ワークショップで得た反応と、新聞に投稿が掲載された後のフェイスブックでの反応によって、ジュリーの自信はさらに高まった。それ以来、彼女は同僚から多くの支持を得て、自分の考えを話す勇気をますます強めている。

「もちろん、これは進行中の変化ですが、いま私は、話すことにも書くことにも、以前よりははるかに大きな自信を持っています」

エイミー・ギャロ（Amy Gallo）

『ハーバード・ビジネス・レビュー』（ＨＢＲ）寄稿編集者。*HBR Guide to Dealing with Conflict at Work*（未訳）の著者。職場環境の力学について執筆し、講演している。

2

健全な自信を妨げる八つの罠

ロザベス・モス・カンター
Rosabeth Moss Kanter

"Overcome the Eight Barriers to Confidence,"
HBR.ORG, January 03, 2014.

何が自信を妨げてしまうのか

自分に対する自信を高めるために、あるいは会社、コミュニティ、家族、チームとしての自信を高めるために、それを妨げているものは何かを理解する必要がある。立派なビジョンも目標も、自信が伴わなければ何も生み出すことはできない。

自信とは、前向きな結果を期待する態度だ。それはパーソナリティ特性ではなく、モチベーションを刺激する状況の評価である。自信があれば、努力し、時間とリソースを投資し、目標達成に向けて粘り強く取り組もうという動機が生まれる。つまり、成功をもたらすのは自信そのものではなく、投資と努力なのだ。

十分な自信がなければ、些細な障害に直面しただけであきらめてしまう。いや、そもそも何かを始めようとすら思わないかもしれない。絶望と失望は、前向きな行動を妨げてしまうのである。

いずれにせよ、目標達成に向けて自信を強化していくためには、次の八つの罠に陥らないよう注意しなければならない。

①敗北主義的な思い込み

できないと思った人は、やろうとしない。ある英国のオリンピックランナーは大事なレースに敗れて取り乱し、次のレースまでも棄権してしまった。ある会社のチームは、世界的に人気のある人物のことを、自分たちとは縁遠い存在だと考えて、顧客向けイベントでの講演を依頼するのをやめてしまった。

才能のある多くの女性が、シェリル・サンドバーグの表現を借りれば「去る前から去り始めている」。どうせ自分は昇進できないと考えて（あるいは、子どもができたから仕事はあきらめるしかないと考えて）、退職していないのに退職を準備しているような態度で仕事に臨み、選択肢を狭めてしまっているのだ。現実的になることと、ゲームが始まる前に敗者のように振る舞うことは違う。

②大きすぎて遠すぎる目標

リーダーはしばしば、BHAG《ビーハグ》（Big Hairy Audacious Goals：大きく困難で大胆なゴール）に取り組みたいと口にする。しかし、ただ大きな目標を掲げているだけでは自信を失いかねない。高い目標と現実とのギャップのことを思って気が滅入り、やる気を失う可能性があるからだ。

自信は繰り返し発生する小さな勝利から生まれ、小さな一歩を重ねるごとに大きな目標に近づいていく。そのためには、小さなステップに価値を認め、それ自体をゴールにする発想の転換が必要だ。大きなことだけでなく小さいことも考える者が勝利をつかむのだ。

③早すぎる勝利宣言

ダイエットのジレンマというのをご存じだろうか。最初に首尾よく数ポンド体重が減っても、気分がよくなって自分へのご褒美としてチョコレートケーキを食べ、体重が戻って自己嫌悪に陥り、気分を盛り上げるためにもっとケーキを食べてしまう、というものだ。

ある大学のフットボールチームに、私はこのパターンを見た。そのチームは九年間負け続けていたが(九年間全試合!)、ほぼ一〇年ぶりに勝利を収めるや、一人の選手が「こうなったら優勝だ!」と叫んだ。

もちろん、そのためにはまず次の試合に勝たなくてはならなかったのだが、彼らは二勝目を挙げることができなかった。一歩ずつ前進していく規律が自信につながるのだ。

④一匹狼的な態度

人に助けてもらったり、人を助けたりしなくても、何でも自分の力でできるという考えは間違っている。負け癖のあるチームにもスターはいるが、彼らはチームの勝利より自分の成績にこだわりがちだ。そのためチーム内に生じる怒りと不平等感は、全員を巻き込む確執を引き起こし、全員のパフォーマンスが悪化する。

自分の自信を高めるために、同僚たちの自信を高め、全員が成功する可能性に満ちた文化を醸成しよう。そのためには仲間を指導し、仲間の強みを認め、互いに助け合うことが大切だ。多くの調査研究が示すように、他者を助けることは幸福と自尊心を高める。人を助ければ、人に助けてもらうことができる。

⑤人を非難する

自信は、自分の行動の責任は自分で負うという姿勢のうえに成立する。困難な状況であっても、逆境にどう対応するかは自分で選ぶことができる。過去の痛手を嘆いたり、人のせいにしたりしてばかりいると、将来の可能性についての自信が失われていく。会社のなかで非難の応酬が続くと、全員が自信を喪失していく。社外の利害関係者にもネガティブな空気は伝染する。自信は前進するための技術なのだ。

⑥防御的態度

自分を批判する人の意見を聞き、それに反応するのはよいが、何かを言われる前から反応するのはよいことではない。攻撃されてもいないのに、防御的になるべきではない。失敗や過ちは謝ればよいが、自分が何者であるかということゆえに謝ってはならない。どこを通ってこの場所に来たのかを誇りに思おう。自分の強みを発揮して道を切り開いていこう。

⑦失敗や挫折に対する無防備

自信には現実の裏づけが必要だ。それは無批判な楽観主義ではないし、何がどうなろうとすべてうまくいくと考えることでもない。大きな勝利へと続く道の途中にはミスもあれば問題もあり、小さな損失もある。それを知ることが成功につながる。

最後には勝つスポーツチームも、試合のある時点では相手にリードされていることは多い。間違っているかもしれないことに目を向け、別のやり方を考え、何が起こっても準備できていると感じることができれば、自信を高めることができる。

⑧自信過剰

自信は、絶望と傲慢の中間にある最適なポイントだ。自信を傲慢の側に転落させてはならない。

自信過剰は、経済を崩壊させ（たとえば、世界的な金融危機に先立つ根拠なき熱狂）、リーダーを腐敗させ（自分は組織になくてはならない重要人物であり、少々のごまかしや権力の濫用ぐらい何でもないと考える）、個人を失敗に追いやる（成功するための努力をせず、自分は成功を約束された人間だと勘違いする）。

傲慢と自己満足に陥ると、基本を無視し、批判に耳を貸さなくなり、変化の力が見えなくなる。これは個人と企業の両方にとっての罠だ。「おごれる者久しからず」とはよく言ったものだ。連勝の後に連敗が始まる。多少の謙虚さは傲慢さを和らげ、適量の自信を保つうえで大いに役立つ。

＊　＊　＊

自信を感じるだけでは十分ではない。それを形にするために必要な仕事をしなければならない。成功を期待して、新しいことを試そう。新しいパートナーシップを構築し、ともに成功をつかむために貢献し合おう。大きな目標に向かって進む過程で小さな勝利を楽しもう。

ロザベス・モス・カンター（Rosabeth Moss Kanter）
ハーバード・ビジネススクール　アーネスト・L・アーバックル記念講座教授、『ハーバード・ビジネス・レビュー』（ＨＢＲ）元編集長。著書に『企業のなかの男と女』（生産性出版）、『ザ チェンジマスターズ』（二見書房）など多数。「コラボレーションが創る新しい競争優位」（『ＤＩＡＭＯＮＤハーバード・ビジネス・レビュー』一九九四年一一月号）をはじめ、ＨＢＲへの寄稿論文も多い。

3

「インポスター症候群」を克服する方法

アンディ・モリンスキー
Andy Molinsky

"Everyone Suffers from Impostor Syndrome — Here's How to Handle It,"
HBR.ORG, July 07, 2016.

自分にはその価値や能力がないと不安に感じる「インポスター症候群」

ストレスや不安のない慣れ親しんだ心理的空間を「コンフォートゾーン」と呼ぶ。そこから一歩踏み出して新しいことにチャレンジしようとする時に最大の障壁となるのが、自分にはその価値も能力もないという不安だ。

多くの人が感じるこの恐れを「インポスター症候群」と言う。自分は資格のないにせもの、すなわちインポスターであると思い込んでしまう感覚である。

かくいう私も、ブログや本に文章を公開する時、そのような不安を感じる。初めて大学で教えた時や、ビジネス界のお歴々の前で講演をした時にも感じた。はた目には自信がありそうに見えるかもしれないが、内心では不安で、人前で偉そうに話す自分は何様だ、と自問してしまう。全員の期待に応える話をすることなど無理だと思うことがある。

そんな不安を感じるのは私だけではない。女優でありハーバード大学の卒業生であるナタリー・ポートマンは、数年前に行った卒業式の祝賀スピーチで、ハーバード大学で経験した自己不信について語った。

「私がこんなところにいるなんて何かの間違いだ、私はここにいていいほど賢くない、と不安でした。何か言う時は、自分が馬鹿な女優じゃないことを証明しなくてはいけないという思いでいっぱいでした」

スターバックスの会長、社長、CEOを歴任したハワード・シュルツも、同じことを言っている。自分も自分以外のCEOも、全員が同じ不安を感じているというのだ。

「CEOに就任するすべての人が不安を感じていると思う。初めてCEOになる人はもちろんのこと、すでにCEOを経験済みの人でも、自分がこのポジションにふさわしいという自信を持っている人はめったにいませんよ。もちろん、そんなことを口に出して言うCEOはいないでしょうが、本当の話です」(注1)

自分は力不足で準備ができていないというこの感覚を、どうすれば克服できるだろう。

初心者であることの強みを認識する

ポートマンがハーバード大学でのスピーチで強調した方法が、私には非常に役立った。初心者ならではの強みを認識する、というものだ。

意外に思うかもしれないが、新参者であることには大きな利点がある。どんな分野にも昔からの発想や慣行があるが、そんなしがらみのない新人は、誰もが当然と思っていることに疑問を呈したり、思いもよらない方法で問題にアプローチしたりすることができるからだ。

たとえば、私が行ったさまざまな研究において、最高の着想は学部生からもたらされたことが少なくない。まだ知識も経験も乏しいからこそ、アウトサイダーとしての新鮮な視点で考えることができたのだ。

これはビジネスの世界にも当てはまる。製薬会社のイーライリリーは、イノセンティブと呼ばれるクラウドソーシング・プラットフォームを構築した。外部のイノベーターに公開され、同社が直面する問題の解決につながる貢献をしたら報酬が支払われるというものだが、顕著な成果を上げている。

イノセンティブについて研究したハーバード・ビジネススクールのカリム・R・ラカニーによると、このプラットフォームでは、物理学者が化学分野の問題を解決するなど、多くの問題が専門外の人の手で解決されている。(注2)

自分はこの分野では準備不足、力不足だと感じた時は、アウトサイダーの自分だからこそできることがある、という事実を思い出そう。

成果ではなく学習を重視する

インポスター症候群と闘うための二番目の方法は、自分のパフォーマンスを気にするのではなく、自分がこの体験から何を学べるかに意識を向けることだ。

心理学者のキャロル・ドゥエックによると、インポスター症候群がもたらす感情は自分でコントロールできる。(注3) この症状に悩むのは成果重視の人が多い。成果を重視すると、自分は力不足だという気持ちになりがちで、失敗すると自分の限界を強く感じてしまうからだ。これでは自分はこの仕事にふさわしくないという懸念が増幅するだけだ。

成果重視ではなく、自分には成長する余地があるという学習重視の発想をしよう。そうすれば自分の限界を見る目がまったく変わり、失敗は力不足の証拠ではなく、学習に付き物のプロセスとなってあなたを成長させてくれる。

不安なのは自分だけではないことを理解する

三つ目の方法は視点を自分の外に向けるというものだ。インポスター症候群に陥ると、こんなふうに感じるのは自分だけだと思いがちだが、そんなことはない。

駆け出しの頃、人脈づくりの会合に参加した私は、初対面の人と話すのを怖がっているのは自分だけだと思っていたが、時間が経つにつれ、そこに集まったほとんど全員が同じような不安を抱いていることに気づいた。

バンテージ・ヒル・パートナーズが行った最近の調査によると、世界中のエグゼクティブが何よりも恐れているのは、自分の無能さを露呈してしまうことだという。(注4) つまり、自分は力不足だと感じる時、あなたと同じ立場にいるすべての人が同じように感じている可能性が高いということだ。

女優で脚本家のティナ・フェイがいいことを言っている。「みんな適当にやっているってわかったから、私も気にしないことにしたの」(注5)

簡単ではないかもしれないが、インポスター症候群は克服できる。無力感にとらわれる必要はないし、自分だけだと思う必要もない。コンフォートゾーンの外に踏み出す時は、失敗を怖がることはやめて、失敗から学ぶつもりで、新参者ならではの新しい視点を持ち込むことに努めよう。

アンディ・モリンスキー（Andy Molinsky）
ブランダイス・インターナショナル・ビジネススクール教授。組織行動学を担当。著書に*Global Dexterity*（未訳）、*Reach*（未訳）、『ひっこみ思案のあなたが生まれ変わる科学的方法』（ダイヤモンド社）がある。個人やチームがコンフォートゾーンを出て潜在能力を発揮する支援を行うコーチングプログラム「リーチ・メソッド」を構築した。

4

トップアスリートに学ぶメンタルの整え方

ダン・マッギン
Dan McGinn
サラ・グリーン・カーマイケル
Sarah Green Carmichael

"Mental Preparation Secrets of Top Athletes: An Interview with Daniel McGinn by Sarah Green Carmichael,"
HBR Idea Cast (podcast), June 29, 2017.

カーマイケル（以下略）：「ＨＢＲアイデア・キャスト」へようこそ。司会のサラ・グリーン・カーマイケルです。

アスリートの世界では、大事な試合の前に気合いを入れるために自分に活を入れたり、ウォームアップ中にテンションを上げる音楽を聴いたり、特定のルーティンを行ったりします。ロッカールームでコーチが熱弁をふるうシーンはスポーツ映画の定番で、コーチが「おまえたちは偉大だ」みたいなことを叫びます。

一九八〇年のレークプラシッド・オリンピックで、米国のアイスホッケーチームは、当時常勝のソビエトチームに劇的勝利を収めたことはいまでも語り草ですが、その試合前にヘッドコーチのハーブ・ブルックスが檄《げき》を飛ばしています。アイスホッケー界の氷上の奇跡を題材にした映画『ミラクル』から、その場面を取り上げてみましょう。

【映画『ミラクル』のワンシーンより】

ハーブ・ブルックス：「ソビエトチームがどんなに立派か知らんが、俺はもううんざりだ。ガツンと一発食らわせろ。今度はおまえたちの番だ。わかったら行け！　蹴散らしてこい！」

4. Mental Preparation Secrets of Top Athletes: An Interview with Daniel McGinn by Sarah Green Carmichael

スポーツ界ではこうした「ペップトーク」（訓話）で選手を鼓舞することは多いのですが、ビジネスの世界で相当するものは何でしょう。重要なプレゼン、就職面接、四半期末の営業会議、その他の本当に重要な何かに臨む時、どんな準備をすればいいのでしょう。何を話すか、何を着ていくかは当然の準備ですが、他にどんな準備をして臨めばいいのでしょうか。

今日のゲストは、私の同僚でもあるHBRのシニアエディター、ダン・マッギンです。トップアスリートやパフォーマーがどんな準備をしているかを参考にすれば、ビジネスパーソンも大事な場面をもっとうまく乗り切れると言っています。ダン、今日はありがとう。

マッギン（以下略）：こちらこそ、ありがとう、サラ。

心を奮い立たせる、自分なりの方法を用意する

――ダンは『心を奮い立たせる科学』(注1)（未訳）を書くために、どうやって心を奮い立たせたんですか。

いろいろやりましたよ。この本を書く過程で、もの書きとしての仕事を始める毎朝の方法が変わりました。スポーツの中継を見ていると、アスリートはウォーミングアップの時にいろいろやってますよね。ヘッドフォンをつけて音楽を聴いていることが多いですが、どの選手も聴く曲を決めています。たまたま流れてきた音楽を聴いているわけじゃない。ロッカールームではコーチが檄を飛ばしますね。その時の選手の表情、眼光、自分の世界への没入、強烈な集中、いずれも最近ではおなじみです。

そういうことすべてが競技のパフォーマンスを向上させることがわかっていて、彼らはそうするよう指導されているんです。ゲームの前に何を考えるべきかを細かく教えるスポーツ心理学者もいます。

私が言いたいのは、最近ではビジネスの世界でも、こうしたことがマネジャーの仕事の多くを占めるようになってきたということです。同じ作業を繰り返す単調な仕事は減り、大きな商談、プレゼン、電話営業など、その都度のパフォーマンスが問われる仕事が増えています。ビジネスパーソンは、アスリートたちが自分の世界に集中するためにやっていることから学ぶ必要があるのです。

4. Mental Preparation Secrets of Top Athletes: An Interview with Daniel McGinn by Sarah Green Carmichael

――毎朝出勤する時のことを思い浮かべながら、自分は何をしていたっけ、と考えていました。廊下を足早に歩き、職場で同僚に挨拶し、ハイタッチなんかもして、席についたらペンを片手に記事の内容を考えるとか、そんな感じでばたばたと一日が始まります。真剣勝負に挑むという感じではないのですが、あなたが推奨するルーティンのようなことは、ビジネスパーソンも毎日やったほうがいいのでしょうか。

たしかに、うちの編集長が毎朝クヌート・ロックニーみたいに絶叫していたら、びっくりしますよね（笑）。余談ながら補足すると、ロックニーは一九二〇年代に活躍したノートルダム大学の伝説のフットボールのコーチです。

芝居がかったことは必要ないけれど、自分に合った方法を用意しておくことをおすすめします。多くの調査で効果があるという結果が出ているからです。

なぜ効果があるのでしょうか。一つ考えられるのは、これまでどれほど練習してきたか、準備してきたかを思い出せるということです。そうすれば、心と身体がいつもの状態に整えられます。

もう一つの理由は、意識を別の対象に集中させることで、ナーバスになったり不安になったりするのを防いでくれるということです。たとえば、葬儀ではぎこちない時間が流れますが、最初から最後までやることの手順が決まっています。そのため、よけいなことを考えずに故人を追悼することができるのです。

日々のルーティンが有効なのはそういう理由からです。これには気持ちをまぎらわせてくれる効果があります。心と身体が通常運転の状態に入るのを助けてくれるわけです。毎朝廊下でステップを踏んだり、同僚とハイタッチしたりする必要はありません。でも、一日を始めるにあたって、何か落ち着いた個人的なルーティンがあるなら、ないよりは少しはいい状態で一日に入っていけるでしょうね。

――アスリートやパフォーマーのルーティンは、試合前の緊張を和らげるためだと思うのですが、重大な瞬間に臨む時は、ある程度の緊張はあったほうが役に立つとも言いますよね。

ええ、それは間違いありません。私は高校時代、たいした運動選手ではなかったのですが、

4. Mental Preparation Secrets of Top Athletes: An Interview with Daniel McGinn by Sarah Green Carmichael

要はアドレナリンをたくさん出して、不安や緊張をぶっとばせばいいのだろうと思っていました。自分を奮い立たせ、気合いを入れ、元気を注入すればいいのだと。でも、研究者としてこの問題に取り組むようになって、そんな単純なものではないことがわかってきました。

問題はむしろ、いまから行うことにふさわしい感情を適切にコントロールする、ということなのです。アドレナリンは生理学的反応を左右しますが、ルーティンとかペップトークが狙っているのは、不安を軽減し、自信を高め、いまから始めることに応じてエネルギーのレベルを適切に管理することです。試合前のプロレスラーに必要なものと、卒業式でスピーチをする人では必要なものの中身が違うし、エネルギーレベルも違ってきます。

自分で自分の背中を押す、部下や同僚の背中を押す

――自信についてはどうでしょう。儀式めいたことで自信が高まったりするのでしょうか。

ディズニー映画『ダンボ』の場合、小さなダンボに大きな耳があって、それで空を飛ぶわけですが、ルーティンにもそれと似たようなところがあり、自分を助けてくれると信じる

なら助けになると、単純に言えばそういうことでしょうか。

信じ込めばできるという理屈でルーティンを行うなら、それは迷信的な儀式になります。期待できるのは、せいぜいプラセボ（偽薬）効果です。自信を高めるのに役立つのは、思考パターンを制御すること、そして、過去にうまくいった体験を考えることですね。自分の最高の成功体験を思い出すんです。

サラがこのアイデア・キャストをうまく仕切りたければ、これまでにやった最高のインタビューを思い起こして気持ちを盛り上げるのがいいと思います。実際にそのインタビューを再生して聴いてみるのもいいんじゃないでしょうか。全部でなくても。

――実は今日このスタジオに入る前に、あなたと一緒に収録した過去のインタビューのなかから、自分で最高だと思うものを選んで聴いてきました。「おまえはいい話ができる人間だ」と自分に言い聞かせるためです。大事な場面に臨む時に必要なのは、こういう思考パターンなのではないかと。ありがちなアイデアに聞こえるかもしれませんが。

4. Mental Preparation Secrets of Top Athletes: An Interview with Daniel McGinn by Sarah Green Carmichael

こういう話をすると、一九九〇年代の『サタデーナイト・ライブ』を見ていた人は、当時人気を博したスチュアート・スモーリーの自己肯定宣言を思い出すかもしれません。「私は賢い」「私は特別」「みんな私のことが好き」と鏡のなかの自分に言い聞かせていました。

それは実際に効果があるんです。メッセージは徹底的に気持ちを盛り上げるポジティブなものでなければなりません。自信を持って自分に語る。自分の最大の成功を思い出しましょう。自分で自分の背中を押し、気合いを注入し、以前できたんだから今度もできる、と自身に言い聞かせるのです。

——組織として取り組んでいるところはありますか。何か大事なことを始める時に、最高の成功体験を見たり聞いたりしてから始める組織が実際にあるのでしょうか。

ウェストポイントの米国陸軍士官学校の話をしましょう。パフォーマンス強化センターという部門があり、心理学者のチームがいて、一日がかりでいろいろと見せてもらったことがあります。そこで行われていたことを一つ紹介すると、身体を包み込むような卵型の椅子にアスリートや士官候補生を座らせ，各自の成績や訓練内容を踏まえて、その人がどんなに優れた人物かという録音を聴かせたりしていました。

私が参観した時にやっていたのはラクロスのゴールキーパーに対するセッションでした。音楽を背景にプロの俳優の声がこんなふうに語りかけるわけです。

「ジョン、君は最高のラクロスのゴールキーパーだ。シュルーズベリー高校との試合での自分のプレーを思い出してみろ」

けっこうインパクトがありましたよ。私が見たなかでは、それが最もわかりやすい組織的な取り組みの例でしょうね。

――うまくいきすぎて自信過剰になり、かえってパフォーマンスが悪化するようなことはないのでしょうか。

ありますよ。スポーツでもビジネスでも、自信過剰になり、自身の優位性を過信して慢心してしまった個人や組織の例をよく目にします。でも、たいていの人がビジネスがらみで遭遇す

4. Mental Preparation Secrets of Top Athletes: An Interview with Daniel McGinn by Sarah Green Carmichael

る場面では、自信が持てなくて困るというのが大半なんじゃないでしょうか。

自分にはその価値がないと思い込んでしまう「インポスター症候群」に悩まされる人も少なくありません。なので、ほとんどの人は自信を高めるルーティンにメリットがあると思います。

――あなたの本で驚いたことの一つは、タイガー・ウッズが使っていたと言われたゴルフクラブを使ったゴルファーが、それ以外のクラブを使ったゴルファーよりもよいスコアを出したというくだりです。ウッズが実験に協力していたのかどうかは知りませんが。どうしてそんなことが起こるのでしょう。

そのプロセスは「社会的伝染」と呼ばれています。有名な人や偉業を成し遂げた人が使ったり触ったりした物に触れると、魔法のような力が注入されるという考え方です。

実はこの本を書く時、自分でもそれを試してみたんですよ。有名なノンフィクション作家のマルコム・グラッドウェルに連絡して、あなたが使っていたキーボードを使わせえもらえないかと頼んだのです。偉大な作家がこのキーボードを使い、苦労して本を書き上げたのだと思うと、断然、力が湧いてくる気がしました。

タイガー・ウッズのクラブが私のゴルフにそんな効果をもたらすかはわかりませんけどね。私ぐらい下手だと、さすがのウッズも役に立たないかな。(笑)

――なるほど。私も似たような研究を読んだことがあるのですが、そこには、女性はハイヒールを履いている時のほうが自信を持てると書かれていました。私はハイヒールで歩くのが苦手なので、かえって悪影響がありますが。

ともあれ、あなたの本にも出てきましたが、俳優で作家のスティーヴン・コルベアや、メジャーリーガーのデビッド・オルティーズぐらいの大物であれば、ルーティンを行う環境を整えられるでしょう。ですが、私たちのような自由になるスペースを持っていない人間には、やりたくても難しい気がするのですが。

何も、手の込んだことをする必要はありません。他の人から特別なことをしていると思われなくてもよいので、人目を気にする必要はないのです。

4. Mental Preparation Secrets of Top Athletes: An Interview with Daniel McGinn by Sarah Green Carmichael

私の場合、毎日ではないけれど、ノイズキャンセリング・ヘッドホンを装着してやっています。雑音を遮断するという機能的な目的と、さあ、いまから仕事開始だという合図を脳に送る意味があります。パブロフの犬の実験に出てくるシグナルみたいなもので、いまから仕事が始まることを自分に納得させるわけです。

チョークの粉を撒くとか、奇妙な手の動きをなぞるなんてことは必要ありません。机の上にペンを決まった手順で置く、みたいなことでかまわないのです。

ダン・マッギン（Daniel McGinn）
『ハーバード・ビジネス・レビュー』（HBR）シニアエディター。メンタル・コントロールや動機づけの理論と実践を研究しており、著書に*Psyched Up: How the Science of Mental Preparation Can Help You Succeed*（未訳）、HBRへの寄稿論文に「叱咤激励の技術」（『DIAMONDハーバード・ビジネス・レビュー』二〇一八年一月号）などがある。

【聞き手】サラ・グリーン・カーマイケル（Sarah Green Carmichael）
『ハーバード・ビジネス・レビュー』（HBR）エグゼクティブエディター。

Harvard Business Review
Emotional Intelligence
CONFIDENCE

5

中途半端な経験が自信過剰を招く

カルメン・サンチェス
Carmen Sanchez
デビッド・ダニング
David Dunning

"Research: Learning a Little About Something Makes Us Overconfident,"
HBR.ORG, March 29, 2018.

「初心者は自信過剰に陥りがち」というのは本当か

元メジャーリーガーの投手バーノン・ローがこんなことを言っている。

「経験は厳しい教師である。いきなり試練を与えてきて、それを乗り越えた者にしか教えてくれない」

なるほど、そう考えれば米国大学協会が行った調査の結果を説明することができそうだ。この調査では、大学生の六四%が自分はチームで働く準備ができていると答え、六六%がクリティカル・シンキングのスキルがあると考え、六五%が文書によるコミュニケーションに長けていると答えた。

しかし、大学生を雇用した側の意見を聞くと、いずれのスキルについても、大学生たちの自己評価に同意した雇用者は四〇%に満たなかった。経験の試練を経ていない学生たちは、自分のスキルのレベルについて、将来の雇用主による評価より、はるかに甘い自己評価をしているということだ。(注1)

私たちは、人々が新たな課題を通じて学んでいく時の自信過剰ぶりについて研究した。初心者は過度に楽観的になり、過剰な自信を持ちがちだ。そこで、人が自分に対して持つ自信が経験量の増加につれてどう変化するかを調べてみた。

一般的には、初心者は過剰な自信を持っていると考えられている。自分が何を知らないかを知らない「自覚なき能力不足」の状態で新しい仕事や課題に取りかかるのが初心者というものだ。当然ながら最初は失敗するので、それによって自分の力不足を自覚していくものと思われてきた。

しかし私たちの研究では、まったくの初心者は自分の知識不足を自覚して慎重に行動する、という反対の結果が出た。つまり、「自覚なき能力不足」というのは、ある程度の経験を積んだ後の状態だということがわかったのである。中途半端な経験によって間違った自信を持ち、慎重さをなくしてしまうからだ。

私たちの研究は、環境からの手がかりに基づいて何らかの結論を出すという、一般的な確率論的学習に属するタスクを使って行った。(注2) 確率論的学習とは、たとえば、どの株が値上がりするか、どの採用応募者が仕事ができるか、患者は何の病気か、といったことを複数のシグナルに基づいて予測するような学習である。いずれもそう簡単ではなく、優秀な専門家でも間違うことがある。

私たちが実験室で行った研究では、具体的には、参加者に、ゾンビに制圧された黙示録的世界の医師になったつもりで、さまざまな症状の患者を六〇回以上診断してもらった。そんな突飛な設定にしたのは、全参加者が未体験の初心者として実験に臨めるからだ。

こうして〝医師〟たちは、個々の〝患者データ〟が有する架空の症状――眼の光り方、身体の膿やただれ、脳障害など――を診て、患者が健康かゾンビ病に感染しているか、感染しているなら設定された二種類のゾンビ病のどちらに感染しているかを診断した。

参加者はまず、試行錯誤を通して、ゾンビ感染を特定するためにはどの症状に注目すればよいかを学習することになる。現実の医療と同じで、診断に際しては患者の症状が有益な判断材料にはなるものの、必ずしも当てにならない。病気の特定につながる症状もあるが、常に出現するとは限らないからだ。

また、表に現れていても、診断を誤らせるだけの症状もある。そんななかで〝医師〟たちは、一人診断するたびに、その診断が正しかったか間違っていたかを明かされながら、六〇人の患者の診断を行った。

浅学ほど危険なものはない

その結果、参加者は診断の難しさを感じながらも、徐々に正しい診断を下す方法を学習していった。診断件数が増えるにつれて徐々に精度が増していった。つまり、パフォーマンスが向上した（次ページの**図1**のグレーの直線を参照）。

だが、参加者の自信は、それとは異なる推移を示した（**図1**の黒い曲線を参照）。実験の開始時点では、参加者（ゾンビ世界の医師）は自分の診断の精度を、比較的正確に自己認識している。実際の診断正解率五五％に対し、自己認識は五〇％だった。

しかし、実験を開始してまもなく、ほんの数人の診断を終えた時点で、参加者自身が推定する正解率は急上昇し、六〇件全部の診断を終えた時点でも到達できなかったほど高まった。診断数三〇件ほどの時点では、実際の正解率は六〇数％だというのに、自己認識では正解率七三％に達していたのである。

「浅学ほど危険なものはない」と言った英国の詩人、アレキサンダー・ポープは正しかった。

私たちの研究では、参加者は少し学習した時点で、もう十分学んだと思い込んだ。つまり、ほ

図1　“医師”が自らの診断に対して持つ自信の変化

初心者(実験上の“医師”たち)は最初のうちは診断に自信がないが、やがて自信は実際の診断能力を上回るペースで上昇し始める。

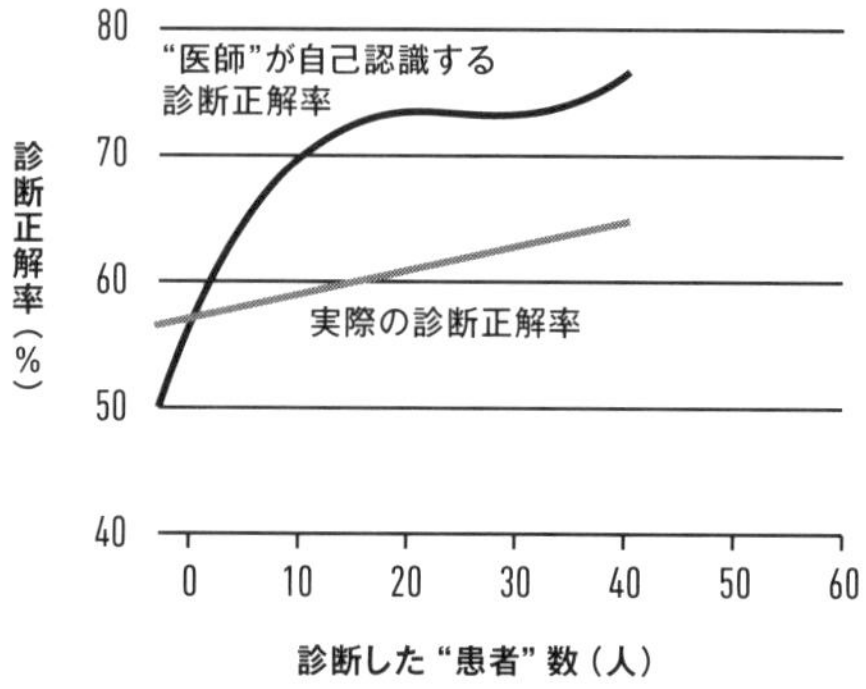

出典:"Overconfidence Among Beginners: Is a Little Learning a Dangerous Thing?" by Carmen Sanchez and David Dunning, *Journal of Personality and Social Psychology*, 2018.

んの数回診断しただけで自分の診断力を過信し、六〇回経験してもついに到達できなかったほどの高い確率で正しい診断が下せると自己評価していた。まさに「初心者の自信過剰」状態に陥っていたのである。

このように自信が急速に肥大してしまうのはなぜだろうか。それは参加者がわずかなデータにしか接していない段階で、自分の思い込みで診断基準を確立してしまったためであることが、追加調査で判明した。

残念ながら、限られた数のデータではノイズや誤解を招く兆候の影響を受けや

5. Research: Learning a Little About Something Makes Us Overconfident

すくなる。

通常、全体から混沌とした状態を取り除き、最終的に価値のあるシグナルだけを抽出するには、大量のデータが必要となる。とはいえ、人々の実感はそれとは異なることが、すでに従来の研究で判明している。(注3)私たち人間には、わずかなデータ群が大量のデータ群と同程度に世界を反映している、と考えてしまう傾向があるのだ。

だが、私たちの研究からは、人々が現実を学び始める様子もうかがえる。実験参加者の自信のレベルは、初心者の過信の段階を過ぎると横ばいになり、その後わずかに低下している。実験参加者は自分の診断には間違いが多いと気づき、診断理論を修正した。ところが、その修正の後、自信は再び上昇し始め、最後まで実際の診断正解率を上回るレベルで推移したのである
(次ページの**図2**を参照)。

この実験では、自信の二番目のピークがどのように訪れるかを確実に予測することはできない。しかしながら、どの参加者の自信曲線も同じような経路をたどったことは重要なポイントである。

図2　診断正解率における現実と自己認識のギャップ

自信過剰の状態は経験（診断回数）が増すにつれてわずかに低下するが、しばらくすると再び顕著になっていく。

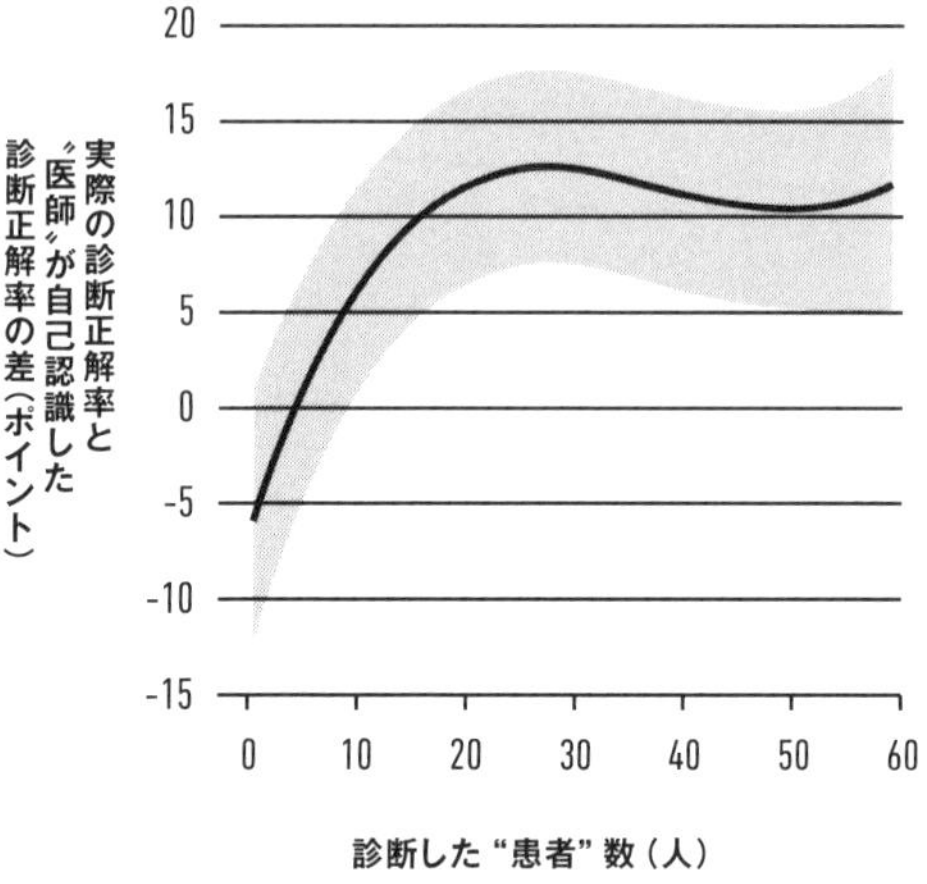

出典："Overconfidence Among Beginners: Is a Little Learning a Dangerous Thing?" by Carmen Sanchez and David Dunning, *Journal of Personality and Social Psychology*, 2018.

初心者の仕事には二重の難しさがある

現実の社会でも、この実験と同じパターンが存在する。別の調査研究だが、脊椎手術を行う医師は通常、執刀数一五回まではミスを犯さないことがわかっている。（注4）

航空パイロットの例では、最初のうちはほとんど事故を起こさないが、経験とともにアクシデント発生数は増え、飛行時間約八〇〇時間でピークに達した

5. Research: Learning a Little About Something Makes Us Overconfident

後に低下し始める。（注5）
実験室の外でも、私たちは初心者の過信の兆候を見つけた。一八歳未満のほとんどの人は、パーソナル・ファイナンスに関する知識が乏しい。（注6）高校修了まで、大半の学校では金融リテラシーに関する教育は行わないので、パーソナル・ファイナンスは実体験を通じて試行錯誤で学ぶのが普通だ。
その結果、資産管理能力に関して金融取引業規制機構が行った調査で、私たちの研究結果と符合する状況が、あらゆる年齢層で存在することが明らかになった。（注7）この調査は、さまざまな年齢からなる二万五〇〇〇人の回答者に、金融リテラシーに関する簡潔なテストを行い、あわせてマネー関連の知識レベルを自己評価してもらうというものだ。
テストで測定された実際の金融リテラシーは、年齢の上昇とともに（つまり実生活での資産管理経験の量とともに）、徐々に上昇していくことが判明した。しかし、調査対象者の自己評価（知識に対する自信）を示す曲線は、一〇代の終わり頃から三〇歳ぐらいにかけて急上昇し、その後、六〇代半ば頃まで横ばいになり、その後、再び上昇した。これは私たちの実験で現れたパターンと完全に一致している。

もちろん、私たちが行った研究にはいくつかの制約がある。まず、実験参加者には診断の都度、正解か不正解かのフィードバックが行われたが、実際にはそのような明快なフィードバックは存在しないことが多い。

また実験では、参加者には完全に未体験のタスクを与えたうえで、経験とともに自信がどう変化するかを追跡した。だが現実には、新たなタスクといっても完全に新しいものは少なく、それまでに蓄積した知識や経験を適用できる場合が少なくない。その場合、自信のレベルがどう変化するかは実験室での研究からはわからない。

そして、実験は診断六〇回までなので、それ以後の自信の推移も明確ではない。

とはいえ、私たちの研究から、初心者の仕事には二重の難しさがあることがうかがえる。まず、当然ながらタスクに関して学習する難しさがある。そして、自分の学習の程度について自信過剰に陥ることなく正しく認識する難しさである。

アレキサンダー・ポープなら、初心者の過信に対する最善の策は、中途半端に酔ったところでやめるのではなく、しらふになるまで飲み続けることだ、と言うかもしれない。

カルメン・サンチェス（Carmen Sanchez）
コーネル大学社会心理学・心理学博士候補。学習過程と能力の自己認識の変化、自己評価における文化の影響、金融関連の意思決定について研究している。

デビッド・ダニング（David Dunning）
ミシガン大学教授（心理学）。間違った信念、特に自分自身についての誤った信念について研究している。

6

演じることは、必ずしも自分を偽ることではない

キャシー・サリット
Cathy Salit

"To Ace Your Job Interview, Get into Character and Rehearse,"
HBR.ORG, April 21, 2017.

準備万端でも、なぜ面接本番で失敗してしまうのか

あなたは念願の仕事の採用面接にこぎつけた。あなたはそのポジションに理想的な人材であり、履歴書にも非の打ち所がない。面接に備えて、応募先企業の事業や特徴、文化、仕事内容、さらに面接担当者についても調べた（リンクトインのおかげだ）。想定問答も用意し、自分のセールスポイントも整理した。

しかし、実際に面接が始まると、何かが違うと感じ始める。堂々と振る舞いたいのだが、緊張のせいでうまくいかない。話し方もこわばりがちだ。自分でも上ずっているのがわかるが、抑えることができない。

時間が経過するにつれ、あなたの言葉はスピーチ原稿を読み上げる独白の様相を呈し始める。面接官も硬い表情を崩さない。就職の機会が遠ざかっていくのを感じる……案の定、数日後に不採用の通知が届いた。

何が悪かったのか――。

私が思うに、あなたは自分を売り込むための準備はうまくできていた。しかし、それと同じ

ぐらい重要なこと（より重要とまでは言わない）が準備できていなかったのだ。それは、面接時のパフォーマンスだ。多くの人が同じ失敗を犯している。

そう、パフォーマンスである。演劇や芸能の世界で使われる言葉だ。俳優はステージやスクリーンで演じる人物になりきる準備をする。俳優がそのために利用する方法に学んで、あなたも理想の応募者のキャラクターを演じることが必要なのだ。

採用面接というシーンでは、自信、能力、好人物、柔軟さなど、相手に印象づけるべきキャラクターは多くある。キャリアを左右する重要な場面で、どうすればそれを印象づけられるだろう。理想の人物を想像し、自分はそのような人物であるという〝ふり〟を自然にする能力を発揮して、キャラクターをつくり上げるのだ。

ここで当然の疑問が浮かぶ。〝ふり〟をする？　キャラクターをつくる？　嘘偽りのない自分を表現することが大切なのではないのか？

私はよくそういう質問を受ける。実に真っ当な、良い質問だ。ジョブコーチや人材開発の専門家も、職場で大切なのはオーセンティシティ（嘘偽りのない自分でいること）であり、価値観に従った行動であり、正直に振る舞うことだと教えているではないか。

私は二〇年にわたる実践と研究に基づいて、「ビカミング・プリンシプル」という考え方を提唱している。これは演劇の世界で行われている、なりたい自分——いまは違うが、将来そうなりたい理想の自分——に成長するための方法だ。

これは、〝ふり〟をする能力、演じる能力を意識的に使うことで、自分自身のなかにある良い部分（なりたい自分）を成長させようとするものである。

ちなみに、「ふりをする」（pretend）という意味のラテン語の動詞のもともとの意味は「伸ばす」ということで、偽ることや仮面を着けるという意味はない。

この考えは、ハーミニア・イバーラが『ハーバード・ビジネス・レビュー』（ＨＢＲ）に寄稿した論文「『自分らしさ』が仇になる時（注1）」のなかで紹介した、画期的な発見にも通じるものがある。

イバーラは、固定された「本当の自己」にこだわりすぎると、新たな課題に挑んだり、大きな役割を引き受けたりできなくなる可能性があると警告している。つまり、「自分のストーリー」にこだわると、自分自身を制限してしまう危険があるというのだ。

なりたい自分を総合的に演じることが、結果として自分自身の成長にもつながる

採用面接は、新しい登場人物を演じるためのオーディションに他ならない。演技者（パフォーマー）としてのスキルを身につけることは、採用通知をもらうためだけでなく、仕事の場で成長し、新しいスキルを獲得するのにも役立つ。環境変化に対応するための柔軟性と新しいパフォーマンスを身につけることができるからだ。

採用面接というシーンで、あなたはどんな人物になりたいか——それがあなたにとっての「採用面接キャラクター」だ。まず、採用される応募者が持っているべき資質のリストを作成しよう。これはある程度、応募する仕事の内容によって変わる。ソフトウェアエンジニアとセールスディレクターでは、強調すべき主要なスキルは異なるはずだ。

さらに、応募先の組織文化に合ったキャラクターであることも印象づけたい。のんびりしたムードメーカーのキャラクターは、几帳面さが重視される組織には不向きだ。逆の組み合わせでも同じである。

経験豊富な面接担当者は、応募者の自信、エネルギー、ポジティブなボディランゲージなど、

仕事の成功につながる資質を見抜こうとする。そうした資質があると思わせるためには、どんな演技が必要なのだろう。自信を感じさせるボディランゲージや、親しみやすさと権威を印象づける心理的な距離の取り方、口調、握手、アイコンタクトなどについて、多くの本や記事が書かれている。

どう表現すれば望ましい資質を相手に伝えられるかがわからない場合は、その資質を持っていると思う人をじっくり観察すればよい。単に真似するのではなく、それを創造的に模倣するのだ。いろいろ試して、自分に合った有効な方法を見つけよう。

最も重要なのは、何といってもリハーサルだ。あらゆる名優がするように、事前の練習は必要である。

恥ずかしがり屋の人は、身振り手振りで熱く語ることを、わざとらしくて大げさと感じるかもしれない。だが、あえてその練習をすることで表現の幅が広がり、自然に振る舞えるようになる。

話を締めくくれず、だらだら続けてしまう人は（緊張するとそうなりがちだ）、話の途中で間をあけるよう意識したり、言いたいことを短いセンテンスで簡潔に伝える練習をしたりするとよいだろう。

どんなに練習やリハーサルをしても、未体験の状況に置かれたら、負荷やストレスを感じるものだ。それは仕方がない。特に人に注視され、あれこれ値踏みされている場合はそうだ。

そこで、前述した以外に勧めたいのが、面接時のキャラクターに一定の特徴を持たせるという方法だ。仕事にありつきたい一心で視野が狭まった応募者ではなく、面接担当者と有意義な会話をしたいと願っている応募者、というキャラクターである。

具体的には、次のような特徴を帯びたキャラクターを演じるのがよい。すなわち、私はいろいろ有意義で興味深いことをしてきました、それをあなたに聞いてもらいたいし、あなた自身やあなたの会社についても聞かせてほしいです、という姿勢だ。

つまり、対話するのが楽しいと思ってもらえるような、会話の名手を演じるということだ。

具体的な方法は次の通りである。

好奇心を示す

ほとんどの人は、面接で話しすぎる傾向がある。その点に気をつけて、自分のことを話すより、応募先企業や相手への好奇心を示すほうがよい。相手が何か話してくれたら、それに関連するオープンエンドの質問（イエスかノーを尋ねるのではなく、説明や意見を引き出す質問）をする。これは、面接担当者との間にコミュニケーションの土台を築き、好ましい印象を与えるのに役立つ。

スピーチではなく会話をする

面接に臨むにあたって、もちろん想定問答を準備する必要はある。しかし、会話というのは暗記したセールストークを再生することではなく、臨機応変に言葉をやりとりすることだ。つまり、即興的な反応の連続であって、インタビュアーの言葉や態度を受け止めて、それに応じる形で会話を続けるということだ。相手が話し終わるのを待ち構えて、用意してきた次の話を始めることではない。

人の話を聞くスキルを磨くには、「そうですね、そういえば……」というような言い方で、相手の話を受けて自分の話を始めるようにすればよい。昨今、気の利いた受け答えや臨機応変な対応は高く評価されるコミュニケーション・スキルとなっている。面接中にこのことを意識すれば、相手に適切な意識を向けることができ、自分のアピールだけに集中して話が上滑りになる危険が減る。

伝えるべきストーリーを準備する

会話の名手が活用する最強の方法の一つがストーリーだ。ストーリーテリングは目新しいテクニックではないが、聞く人の共感を刺激し、好感度を高めるのに効果がある。

たとえば、やり遂げた仕事について聞かせてほしいと求められた場合を想定して、あなたが中心になって取り組んだプロジェクトについて、臨場感のある話ができるように準備しておくとよいだろう。そのプロジェクトはなぜ、どんなきっかけで始まったか、あなたは何をしたか、どんな障害に遭遇したか、それをどう克服したか、といったことを語るのだ。

良いストーリーには起承転結がある。短く、パンチの効いた話を用意しておこう。

＊　＊　＊

以上紹介したテクニックのなかには、わざとらしくて自分らしくないと感じるものがあるかもしれない。だが、実はそこにこそポイントがある。新しい方法のための能力を開発することで、居心地のよい領域（コンフォートゾーン）が広がり、自然な表現のレパートリーが増え、成長できるのだ。それはあなたがなりたい人物――いまは違うが、将来そうなりたい理想の自分――になる方法であり、採用面接に成功する方法でもある。

キャシー・サリット（Cathy Salit）
ライフタイム・パフォーマンスCEO。著書に *Performance Breakthrough: A Radical Approach to Success at Work*（未訳）がある。

7

プレゼンで自信を示す六つの方法

カシア・ウェゾウスキー
Kasia Wezowski

"6 Ways to Look More Confident During a Presentation,"
HBR.ORG, April 06, 2017.

効果的で説得力のあるボディランゲージとは

私は数年前、ウィーンで行われた起業アイデアのプレゼンテーション・コンテストに同僚とともに招かれ、結果を予想するよう依頼された。それは、二五〇〇人のテクノロジー起業家が数千ユーロの資金獲得を目指すコンテストである。プレゼンの間に私たちが注目したのは、起業家が売り込むアイデアではなく、もっぱら聞き手である審査員たちが示すボディランゲージや微表情（〇・二秒ほどで顔に表れて消える表情）だった。

そして、受賞者発表の前に、受賞するのは誰かを予想した。ほどなく結果は発表され、予想はズバリ的中した。私たちは、授賞式からサプライズを奪ってしまったのである。

その二年後、また同じイベントに招かれた。今度は、審査員ではなくコンテスト参加者を観察した。その時の役割は受賞者を予想することではなく、プレゼンターの非言語コミュニケーションが、その成否にどの程度寄与するかを調べることにあった。

私たちは、起業家のタマゴたちを〇～一五点で評価した。微笑やアイコンタクトの維持、説得力ある身振りといった、ポジティブで自信に満ちたボディランゲージを示すたびにポイントが加算される。逆に、ソワソワした様子や手の不自然な動き、視線を逸らすといったネガティブなシグナルを見せるとポイントを失う。

その結果、審査員の評価で上位八位までに入った参加者は、私たちがつけたスコアでも一五点満点で平均八・三点だった。九位以下の参加者は、私たちのポイントも平均五・五点しかないことが判明した。つまり、ポジティブなボディランゲージは成功と強い相関があったわけだ。

政治の分野でも、私たちはよく似た相関関係を発見していた。

二〇一二年、米国大統領選挙の選挙運動期間中、インターネット上で一つの調査研究を行った。一〇〇〇人の参加者（民主党員も共和党員もいる）に、再選を目指していた当時のバラク・オバマ大統領と、共和党候補のミット・ロムニーが出ている二分間の動画を見てもらった。

動画が撮影されたのは選挙戦のイベントで、内容は中立的なものと感情に訴えるものの両方が含まれていた。動画を見ている参加者の表情をウェブカメラで記録し、心理学研究で使われる六種類の重要な感情――幸福、驚き、不安、嫌悪、怒り、悲しみ――に基づいて分析した。

私たちは感情の方向性（ポジティブかネガティブか）と、それがどの程度強く表現されたかを評価した。その分析の結果、オバマの演説を見た人のほうが感情的な反応が強く、また、ネガティブな反応が少ないことがわかった。一方、ロムニーに対しては、支持しているはずの共和党員でさえかなりの数（一六％）がネガティブに反応していた。

そして二人のボディランゲージを分析したところ、オバマのボディランゲージが起業アイデアのコンテスト受賞者のものと似ていることに気づいた。オバマは基本的にオープンでポジティブ、かつ自信のある態度を示しており、それはスピーチの内容にふさわしいものだった。

これとは対照的に、ロムニーにはネガティブなシグナルが多く、話している内容と矛盾したり、聴衆の気を散らしたりする表情や動きのせいで、メッセージ効果を弱めがちだった。

もちろん、大統領選の結果がボディランゲージで左右されたわけではない。先のコンテストの結果も同じだ。しかし、「適切な非言語コミュニケーション」と「成功」との間に相関関係があるのは確かだ。

では、どうすれば成功者と同様のシグナルを送れるのか、そして、（願わくば）同様の成功を収めることができるのか。私たちは、ボディランゲージ・センターにおいて、さまざまな分野で成功したリーダーを研究し、効果的で説得力あるボディランゲージにつながる、いくつかの姿勢やしぐさを特定した。

①ボックス――信頼できる、真実を語る

ビル・クリントンは、政治家としてのキャリアの初期、スピーチに大きな身振りを混じえることが多く、そのため信頼できない人間に見えていた。アドバイザーたちはクリントンのボディランゲージを抑えるために、胸と腹の前に四角い箱（ボックス）があることを想定させ、その範囲内で手を動かすように指導した。それ以来、この分野では「クリントン・ボックス」という名前がポピュラーな用語になっている。

②ボールを持つ――堂々としている、圧倒的

両手の間にバスケットボールを持っているかのようなジェスチャーは自信とコントロールのしるしであり、ほぼ文字通り勝利を「手中に収めている」ように見える。スティーブ・ジョブズはよくスピーチの最中にこの姿勢を取っていた。

出典：Center for Body Language.

出典：Center for Body Language.

③両手をピラミッド型に組む——自信がある、リラックスしている

緊張していると、人間の手はそわそわと動き回る。自信がある時は手も静かである。静かな状態を保つ一つの方法は、両手をピラミッドのように、緩やかな三角形に組むことだ。多くのエグゼクティブがこの身振りを使っている。ただし、使いすぎたり、横柄あるいは傲慢な表情と同時に使ったりしないよう注意したい。狙いはくつろいだムードを示すことで、高飛車な印象を与えることではない。

④広い立ち幅——確信がある、抑制が効いている

どんな立ち姿をしているかは人間の心理状態の大きな指標である。足をほぼ肩幅の広さに開き、しっかりと安定して立つこの姿勢は、あなたが事態をコントロールできているという自信のシグナルになる。

出典：Center for Body Language.

出典：Center for Body Language.

7. 6 Ways to Look More Confident During a Presentation

⑤手のひらを上へ――正直、素直

この身振りはオープンな態度と正直さを示している。米国で最も影響力のある黒人女性司会者のオプラ・ウィンフリーは、スピーチでこれをうまく活用している。彼女はパワフルで影響力の強い人物だが、それと同時に、相手が一人であれ、何万人の群衆であれ、話す相手に誠実に接しようとしているように見える。

⑥手のひらを下へ――確固としている、断定的

これと逆の動きも実力、権威、主張のしるしとしてポジティブに見える場合がある。オバマ前大統領は、心揺さぶるスピーチをした後、高揚した聴衆を静めるためにこの身振りをよく使っていた。

出典 : Center for Body Language.

出典 : Center for Body Language.

次にプレゼンの際は、自分の姿を録画してみよう。再生する際には音声を消し、ボディランゲージだけに注目するといい。自分がどんなふうに立ち、どのような身振りをしているか。前記のような動作を使っているか。もしノーであれば、次に聴衆の前に立つ時、あるいは上司や重要なクライアントと話す時、どうすればいいか検討しよう。まず鏡の前で、次には友人を相手に、自然に感じられるようになるまで練習することだ。

非言語コミュニケーションは、それだけでリーダーとしての成否を決めるものではない。だが、さらなる成果を上げる効果は期待できるだろう。

カシア・ウェゾウスキー（Kasia Wezowski）
ボディランゲージ・センター創設者。ボディランゲージに関する著書が四作ある。コーチングに関するドキュメンタリー映画『Leap』では、プロデューサー兼監督を務めた。

8

リーダーが本当に語るべきこと

エイミー・ジェン・ス
Amy Jen Su

"You Don't Just Need One Leadership Voice — You Need Many,"
HBR.ORG, January 10, 2018.

リーダーとして自信を持つために、言うべきことを言う方法を身につける

リーダーにふさわしい話し方をするためには、何はともあれ、自信がありそうに見せることが肝心だと思っている人が多い。有名なリーダーの講演や会話のスタイルを真似たり、自分を大きく見せたり、誰よりも大きな声で発言したりしなくてはならないと考えている人も少なくない。

だが、それでは早晩「インポスター症候群」に悩まされ、常に緊張した戦闘モードでいることに疲れてしまう。そんな方法ではなく、自分のなかにあるリーダーシップのさまざまな側面に日々磨きをかけ、状況に左右されない真の自信を築くことが大切だ。リーダーたる者、置かれた状況や向き合う相手に関係なく、嘘偽りがなく、建設的で、効果的な対応ができなくてはならない。

どんな時でも適切なリーダーシップを発揮するために、リーダーは何をどのように話せばよいのだろう。優れたリーダーが語るべきことを説明しよう。

自分のキャラクターに正直に語る

何よりも大切なのは、自分のキャラクターに正直に話をするということだ。時と場合によって話す内容は違っても、そこには、あなたのキャラクターという芯が一貫して通っているべきである。自分はどんな人間になりたいのか、他者と関わろうとする動機はどこから生じているのか、部下との関係で重視するものは何なのかという、人としての基本原則に基づいて語るということだ。

私が知っているリーダーたちは、やっかいな会話や議論、困難な状況、あるいは対立が生じかねない事態に臨む時、次のような原則を意識していると教えてくれた。「疑うことには建設的な意味がある」「異論や批判を自分個人に向けられていると受け止めない」「自分たちのビジネスにとって何が最善かに集中する」「敬意を持って率直に話す」などである。

キャラクターに根差すことで、八方美人にならず、闘争か逃走かという動物的本能にも陥らず、損得だけで動くこともなくなる。キャラクターに正直な語りとは、あなたが何者か、何があなたの言動を導いているのかを伝える語りに他ならない。

コンテキスト（文脈）を踏まえて語る

責任が増し、幅広い役割を担うようになるにつれ、ビジネスを見る視野が広がる。ビジネスを取り巻く大きな絵が見えてくる。その大きな絵を人々に適切に伝えることがリーダーの仕事の一部となる。

にもかかわらず、多くのリーダーが、時間に急き立てられ、プレゼンでも会議でも、あるいは個人的な会話でも、背景の説明や認識の共有を省略して、いきなり細かい話から始めてしまっている。

とりわけ次のような場面では、コンテキスト（文脈）を踏まえた語りが重要になる。

- ビジョン、戦略、組織変革などを人に伝える時。
- 経営陣に自分の主張と要求を伝えるプレゼンをする時。
- 会議を始めるにあたって、取り組むべき課題の全体像を示す時。
- 自分が下した決定の判断基準や根拠を伝える時。

明快さと透明性を持って語る

目まぐるしく変化するビジネスの世界では、リーダーは明快に語ることによって、チームを優先事項に集中させ続けなくてはならない。思いつきで新しいことに飛びついたり、ぶつぶつ独り言をつぶやいたり、思慮に欠けた行動をするリーダーは、チームをまとめることができない。それではチームの努力はばらばらな方向に向かい、焦点がぼやけ、ゴールにたどり着くことはできないだろう。

チームのエネルギーを生産的に結集させる、明快で透明性のあるリーダーシップを発揮するために、次のような方法が考えられる。

- 年度始めに部下の一人ひとりと向き合い、各自が目指すべき大きな目標や優先順位を明確にする。私のクライアントが、実際にチームメンバーに話している内容を教えてくれた。「年度末にあなたの仕事が新聞に載るとしたら、どんな見出しの記事が嬉しいと思う？」
- 定期的に直属の部下と話し、必要に応じて優先順位や目標を調整するよう助ける。一対一のミーティングで行うこともできるし、チーム全体で行うこともできる。

・チームにノーと言う権限を与える。

相手を知ろうとする語り

リーダーには、指示を与え、情報を伝え、重要な決定を下す責任がある。だが、自分はすべてを知っているという態度でそれを行うと失敗する。あらゆることについて自分がアドバイスしなくてはならないとか、問題を解決しようとか、間違いを正そうなどという態度で臨まないほうがよい。多くの場合、相手の考えや理由を知ろうという姿勢で話をするほうが有効だ。

私のクライアントの一人が、反論や抵抗を受けた時の対処法を語ってくれた。

「自分のビジネス上の判断や直感には自信がありますが、私が勤める会社はみんな優秀な人ばかりなので、同僚や部下が別の考えを述べたり、反論したりしてきたら、それを個人攻撃と受け止めないようにしています。なぜこの人はそう考えるのか、どこからそんな考えが出てくるのか、興味を持って聞くようにしています。それが最善の解決策に至る方法です」

次のような状況では、相手を知ろうとする態度で接することで、あなたも相手も前に進むことができる。

- **相互に影響し合う仕事をしている時**：最終決定を行う前に、すべての関係者の考えを聞くことで、よりよい解決策が得られる。
- **直属の部下を指導する時**：適切な問いを投げかけることで、部下が新たな成長の道筋を見つけ、直面している問題を掘り下げ、キャリアを伸ばすのを助けることができる。
- **難しい問題や感情を伴う会話をしている時**：相手の感情の吐露に耳を傾け、ニーズや意見を理解しようとすることで、最善の方法を見出すことができる。

相手とのつながりを求めて語る

管轄範囲が広がって影響力が増すにつれ、仕事仲間や戦略上の人脈、あるいは部下の数が増え、適切なつながりを保つことが難しくなっていく。上に立つ人ほど、組織上の階層を隔てたところで働く部下が増える。当然その全員を知ることはできないが、つながりは維持しなくてはならないし、お互いに相手の存在が見える関係を保たなくてはならない。

つながりを保つ話し方には、さまざまな方法がある。これまでの私の経験から、いくつか効果的な方法を紹介しよう。

- **ストーリーテラーとしてのスキルを高める：**ストーリーは伝えたいポイントを明確に印象づけることができる。基調講演や全員参加の会議を盛り上げることも、プレゼンの要点を記憶にとどまらせることも、大きな取引や契約をまとめる力を発揮することもできる。
- **感謝し、承認する：**あなたの部下や同僚が、結果を出し、収益を上げ、顧客を満足させるために貢献したら、そのことを認めて感謝の気持ちを言葉にすることが大切だ。それが、あなたと相手のつながりを強めてくれる。

休日返上で四半期報告をまとめるために働いたチームにはお礼を言うべきだし、人を紹介してくれたり話をつないでくれた人には、謝意とともに結果を報告することを忘れてはならない。

- **打ち合わせや会議を始める前に、ちょっとした雑談で場をなごませたり、信頼関係を築いたりするための時間を取る：**すぐに本題に入ろうとして、良好な人間関係を築くのに役立つやりとりや息抜きを切り捨ててしまう人がいるが、ほんの数分でよいから、つながりを強化するための時間を取ろう。特に、その種のつながりを大切にする相手の場合は重要である。

もし、そういう時間が全然取れないほど急いでいる場合は、誤解を招かないように、最初にそのことを断ってから会議を始めるとよいだろう。たとえば、「今日は時間がないから、さっそく本題に入ることにする」といった簡単な一言でかまわない。

リーダーとして言うべきことを正しく言う方法を見つけ、それを深めていくことは、生涯をかけて取り組むべき仕事だ。重要なのは、新たな状況や人に対してオープンな姿勢を保つことだ。どんな状況でも同じ方法で言いたいことを言うのではなく、状況と目的に合った対応をすることが必要だ。

キャラクター、コンテキスト、明快さ、知ろうとする姿勢、つながり――状況に応じて何に主眼を置いて語るべきかを見極めなくてはならない。それを学び、そのスキルを伸ばすことで、あなたの自信とたくましさが増し、正直で説得力のある方法でリーダーとしての確信を伝えることができる。

エイミー・ジェン・ス（Amy Jen Su）
エグゼクティブのコーチングとリーダーシップ育成を手がける、パラヴィス・パートナーズ共同創業者兼マネージング・ディレクター。著書に*The Leader You Want to Be*（未訳）などがある。

9

組織としての自信をいかに培うべきか

ロザベス・モス・カンター
Rosabeth Moss Kanter

"Cultivate a Culture of Confidence,"
HBR, April 2011.

ハイパフォーマンス組織は、あらかじめ危機に対する構えができている

どんな優良企業も、どんなに優秀なその道のプロも、長期にわたる成功の記録を眺めれば、滑ったり転んだり脇道に逸れたり、時には後戻りした痕跡がうかがえる。試合に勝ったチームもミスを犯し、ボールを落とし、相手に後れを取る場面をくぐりぬけている。失敗してもすぐに立ち直って元のコースに戻る能力が重要なのは、そのためだ。

トラブルは至る所で発生する。予期せぬ出来事が突然、火山灰のように空から降ってきて、景色を変えてしまう。前途洋々の船出をしたベンチャー企業も、想定外の障害や遅延、間の悪い批判に遭遇する。そこで私は次の命題を〝カンターの法則〟として世に問いたい――「あらゆることは、失敗に見える途中段階を通過する」。

勝ち続けるためには、なみなみならぬ努力と絶えざる警戒心が必要だ。連勝がストップする理由はだいたい相場が決まっている。戦略が行き当たりばったりになる。新たな競合が参入して業界リーダーに戦いを挑む。アイデアがいつの間にかホコリをかぶる一方で、テクノロジーが進化する。成功して当然という慢心から、努力しようとする動機が失せる。

大きな成果を上げるためのカギは、失敗や挫折から立ち直る能力だ。長く勝ち続ける者も、長く負け続ける者と同じような問題に遭遇する。

だが、私が著書『自信』(注1)（未訳）で行った調査からわかるように、両者は対応の仕方が違うのである。その調査で私は、企業とスポーツチームについて、勝ち続けている集団と負け続けている集団を比較し、リーダーがどのようにして低いパフォーマンスをハイパフォーマンスに引き上げたかを調べた。

最初に、失敗と成功を分ける原因を考えよう。負けが込むと、間違った行動を選ぶ誘惑が生じ、挽回するどころか、状況がさらに悪化する。たとえばパニックに陥ったり、ゲームプランを破棄したりしてしまうというのがそれにあたる。

あるいは自己防衛に走り、自分以外のすべてを否定する。事実を隠し、誰かが気づく前に事態が自然に好転することを願うだけで、何も手を打たない。学ぼうともせず、変えようともしない。外部環境の悪さを口実にして、設備の更新や新たな投資も行わない。

これとは対照的に、ハイパフォーマンス組織は、組織の文化とサポートシステムのおかげで、敗者のメンタリティに陥る誘惑を退けることができる。危機に対する備えができているので、問題に遭遇しても正しく見極めることができる。事前に予測して備えているので、問題が生じても規律を保って専門的な能力を発揮できる。

そのような組織では、リーダーは事実を議論の俎上《そじょう》に載せ、最近のゲームで自分たちが行った正しいことと間違っていたことを見直し、強みをさらに強化し、弱点を見極め、個人が責任を持って行動するよう奨励する。

コラボレーションとチームワークを重視しているので、目標が共有され、ビジョンの実現に向けて全員がコミットする。メンバーが互いに敬意を払い、助け合う気持ちがあるので、誰かが失敗しても別の誰かがカバーする。メンタリングにも価値が置かれ、ハイパフォーマーは全員の能力を引き上げる責任を感じて行動する。改善と革新につながる創造的なアイデアを追求し、自由闊達な対話とブレーンストーミングが行われる。

レジリエンス（再起力）というのは、単なる個人の特性や心がまえではなく、組織の仕組みによって強められもすれば弱められもする。責任感やコラボレーションや自主的行動などの文化が定着しているチームは、困難に遭遇しても乗り越えられると信じていることが多い。言い換えれば、自分に対する自信に、仲間や組織に対する信頼が加われば、成功する可能性が高くなる。

＊　＊　＊

以上のことからリーダーが学べる教訓は明らかだ。望ましい環境の下で順調に結果が出ているうちに、組織としての自信の基礎——説明責任、コラボレーション、イニシアティブの文化——を築いておくべきだということだ。

どう頑張ったところで失敗や落ち込みは避けられないのだから、それに対する保険として、信頼の文化をあらかじめ構築しておくことが重要なのだ。好き好んで失敗する人はいないが、プレッシャーがあるなかでも冷静さを保ち、学習し、適応し、前進し続けられるかどうかが、成功と失敗、勝者と敗者を分けることを忘れてはならない。

＊この記事は『ハーバード・ビジネス・レビュー』（ＨＢＲ）二〇一一年四月号に掲載された。

ロザベス・モス・カンター（Rosabeth Moss Kanter）

ハーバード・ビジネススクール アーネスト・L・アーバックル記念講座教授、『ハーバード・ビジネス・レビュー』（HBR）元編集長。著書に『企業のなかの男と女』（生産性出版）、『ザ チェンジマスターズ』（二見書房）など多数。「コラボレーションが創る新しい競争優位」（『DIAMONDハーバード・ビジネス・レビュー』一九九四年一一月号）をはじめ、HBRへの寄稿論文も多い。

10

優れたリーダーに欠かせない四つの要素

ピーター・ブレグマン
Peter Bregman

"Great Leaders Are Confident, Connected, Committed, and Courageous,"
HBR.ORG, July 13, 2018.

四つの視点でリーダー自身の強みと弱みを明らかにする

ブラッド（仮名）は会社の業績回復という難しい仕事に取り組み、部下である営業部長を解雇することを決めた。営業部長は好人物だが、業績不振が続いていたからだ（プライバシー保護のためにケースの詳細を一部変更している）。

だが、そう決めてから三カ月経っても、ブラッドはまだ営業部長を解雇していなかった。そこで私がブラッドに理由を尋ねたところ、「私が意気地なしだからです」という答えが返ってきた。

ブラッドは金融サービス会社のCEOであり、けっして意気地なしなどではない。あなたや私と同じ、ごく普通の人間だ。ただ、重要な戦略的決定を実行するのに苦労しているだけである。その点も、あなたや私と同じかもしれない。

年齢、役割、地位、肩書き、専門、そしてステータスに関係なく、重要な仕事をやり遂げようとすれば、言いにくいことも言い、しかるべき人に責任を担わせ、行動を促さなくてはならない。

そのためには、強い姿勢で事に臨み、あなたを信頼し、従おうとしている人の心をつかみ、目標達成のために全力で取り組んでもらう必要がある。もちろん強さだけでなく、相手を気遣い、相手にそれを感じ取ってもらう必要もある。

また説得力も重要であり、そのためには明快で、率直で、正直で、配慮の行き届いた話し方をする必要がある。さらには、相手の話に心を開き、共感と敬意を持って耳を傾けなくてはならない。たとえそれが異論や反論であったとしても。

そして当然、そうした能力を駆使して、迅速かつ効果的に仕事をやり遂げ、結果を出さなくてはならない。

多くのリーダーが、そうしたいと願っている。私は二五年間にわたって、そんなリーダーたちをサポートしてきた実績があり、それらの経験から得た知見を『勇気あるリーダーシップ』(注1)(未訳)という本にまとめた。

そこではっきり見えてきたことは、優れたリーダーは、部下の心をふるい立たせ、大事なことを実行させるために、四つの要素を駆使しているということだ(それはリーダーシップにとどまらず、充実した生産的人生のための四要素と言ってもよいかもしれない)。すなわち、「白分に対する自信」「他者とのつながり」「目的へのコミット」「感情面での勇気」である。

ほとんどの人にとって、自分に備わっていると言えるのは四つのうち一つ、せいぜい二つではないだろうか。しかし、強力な存在感を発揮して人を動かすには、四つすべてを高いレベルで身につける必要がある。

自分に自信があっても、人とつながることができなければ、誰もついてきてはくれないだろう。逆に、人とつながることはできても、自分に自信がなければ、自分の考えや要求を押し殺して周囲の歓心を買うことに汲々としてしまうかもしれない。

また、個人的な思惑を超える大きな目的にコミットしていなければ、大事を成し遂げられない小者として軽んじられることだろう。そして、勇気をふるって断固たる行動ができなければ、どんなに立派な考えがあっても意味をなさず、目標は空想にとどまることになる。

これをブラッドのケースに当てはめて、彼が、どこでどのように行き詰まったのかを探ってみよう。

①自分に対する自信

ブラッドはこの面で苦労した。一見すると申し分のないキャリアの持ち主なので、自分に自信がないというのは意外に思える。だが、そういう人は案外、少なくない。彼は熱心に働いたが、それは自信のなさの裏返しでもあった。能力を証明し、周囲の期待に応えたかったのだ。失敗を恐れ、失敗したら自分を責めた。

ただし、彼にはこの面において強みもあった。理想の将来像を自覚し、それに向けて努力し、その障害になるものを遠ざけ、エネルギーを賢く投資しているという点である。

②他者とのつながり

これがブラッドの最大の強みだった。彼はいつも人を大切に扱い、部下から慕われていた。部下たちは、ブラッドに反論されたとしても、信頼してくれていると感じていた。部下たちは、ブラッドの知ろうとする態度――人や問題に対する好奇心――を評価し、頭ごなしに決めつけない姿勢に感謝していた。

そんなブラッドだが、実は相手と向き合って率直に話すのは苦手で、ややこしい話は先延ばしにする傾向があった。その点では、成長すべき余地があった。

③目的へのコミット

この面では、ブラッドには強さと弱さが混在していた。強さは、会社の成長にとって何が必要かを理解し、早い段階から部下を関与させ、オープンな姿勢で協力を求める態度だ。弱さとしては、フォーカスを欠く傾向があった。

重要な変化をもたらすかもしれない仕事について、いくつかの点で細部の知識が不足していた。重要事項に集中し、説明責任を明確にし、進捗を確実にするためのプロセスも確立できていなかった。営業部長を解雇しなかったのもそのあらわれだが、そのことで部下たちの間に、自分たちのボスは「真剣に会社を成功させたいと思っているのだろうか」という複雑な思いを生じさせることになった。

④感情面での勇気

ブラッドは、勇気の面で成長する必要があった。他の三つの面での強さを伸ばすためにも、彼にはぜひとも勇気が必要だった。

誰でもリスクを考えた時には自分の弱さに意識が向くものだが、ブラッドはしばしばその感

10. Great Leaders Are Confident, Connected, Committed, and Courageous

覚ゆえにリスク行動を回避した。未知のことに抵抗し、不快な状況を意図的に避けた。そのため部下に厳しい真実を伝えることができず、難しい意思決定を迅速に下せなくなり、身動きできなくなってしまったのだ。

以上を総合的に見て、ブラッドの最大の強みは「他者とのつながり」、次に「目的へのコミット」であることが明確になった。一方、「自分に対する自信」と「感情面での勇気」の二つについては弱さが認められ、改善の余地があった。

このように分析したことで、ブラッドには自分が取り組むべき課題がよく見えてきた。彼は営業部長との間につながりがあったが、それがチームと会社の成功へのコミットメントと衝突していたのだ。

一方で、自分自身に対する自信と勇気は、そのジレンマを突破できるほどには強くなく、それが不作為とフラストレーションを生じさせていたのだった。

自分のどこが問題かを知ったブラッドは、状況を改善することができた。いくつかのリスク含みの案件に取り組むことで、勇気の強化に努めた。取り組み自体には成功も失敗もあったが、とにかく最後までやり切った。失敗しても落ち込まず、リスクを取ったことに達成感を覚えた。その結果、ブラッドの自信は強化され、より大きなリスクを取る際に役に立った。

ほどなく彼は、三カ月先延ばしにしてきた解雇通知の責任を果たす準備ができたと感じた（不安がまったくなかったわけではないが）。彼ならではの思いやりと配慮を保ちつつ、ブラッドは営業部長を解雇した（なお、営業部長は解雇されることを覚悟していたし、「むしろ救われた思いだ」と言ったそうである）。

ブラッドは何事によらず、人と会話を始めるのが極端に苦手だった。勇気を出さなければできない苦手なことは誰にでもあるもので、その時に感じる気持ちはあなたにも想像できるのではないだろうか。ブラッドは人に話そうとするたびに、いつもそんな気持ちを味わっていた。

しかし、勇気を持って行動すると、新たな勇気が生まれる。積極的に話すよう心がけたことで、ブラッドのリーダーシップは四つの側面のすべてで強化された。自分への自信を強め、チームとのつながりを強め（信じられないかもしれないが、解雇を言い渡した営業部長とのつながりさえ強まった）、以前より目的に強くコミットするようになり、勇気を持って行動できるようになったのである。

ピーター・ブレグマン（Peter Bregman）

ブレグマン・パートナーズCEO。各界のリーダーたちに、個人的成長、効果的なチーム構築、組織としての成果向上を実現するための支援を行っている。著書にベストセラーとなった『最高の人生と仕事をつかむ18分の法則』（日本経済新聞出版）、*Leading with Emotional Courage*（未訳）などがある。「ブレグマン・リーダーシップ・ポッドキャスト」のホストを務める。

Harvard Business Review
Emotional Intelligence CONFIDENCE

11

自信を持てない部下に、何をどう語りかけるか

タラ・ソフィア・モア
Tara Sophia Mohr

"Helping an Employee Overcome Their Self-Doubt,"

HBR.ORG, October 01, 2015.

自分の可能性に自らふたをしてしまう人は、案外多い

少し頑張りを要する課題を与えようとしたら、「できません、いまはまだ力不足です」と言われた。もっと経験を積んでからでないと無理だと思っているようだ……。

当人の可能性が広がるいい話に発展するかもしれない人物を紹介したら、その場では乗り気のようだったのに、その後いつまでも動こうとしない。どうやら怖じ気づいたらしく、会っても話すことがないと言う……。

部下を指導するマネジャーや、後進の成長を助けているメンターは、こんな場面によく遭遇する。彼らは、自信のなさや自分に対する疑いによって、自分の可能性にふたをしてしまっているのだ。

この自己不信の悪影響は絶大だ。「内なる批判」で立ちすくんでしまった部下は、自分のアイデアや意見をチーム内でシェアせずに抱え込んでしまう可能性が高い。自己不信にとらわれると、チームのなかで最も優秀な者でさえ、部門やプロジェクトのリーダーになることをため

らい、会社の成長につながるチャンス——たとえば、新しい顧客、新しい事業、革新的な展開など——を見送ってしまうことがある。

部下の潜在能力を解放するために、マネジャーやメンターは自己不信を克服する方法を教えなくてはならない。

励まし、褒め、応援することが正しいとは限らない

ところが、マネジャーもメンターも、同じ間違いを犯しがちである。自信をなくした部下を励まし、褒め、応援することが自分の仕事だと思ってしまうのだ。「あなたなら大丈夫」とか、「俺の人を見る目は確かだ。きみならできると思ったから頼むんだ。そうでなければ最初から頼まない」などといった言葉をかける上司がいかに多いことだろう。

こういうやり方を、コーチングの世界では「内なる批判への反論」と呼ぶ。自信を喪失した本人のネガティブな意見（「できません。その仕事に必要なものが自分には備わっていません」）と、その人を助けようとする人のポジティブな意見（「あなたには能力がある！　きっと

できるよ！」）の間の議論ということだ。

コーチ養成課程では、「いかなる場合にもクライアントの内なる批判に反論してはならない」と教えられる。そんな反論は、コーチされる側にとってもする側にとっても時間の無駄だとわかっているからだ。なぜ無駄なのか。理由は二つある。

第一に、そんなことを他人が請け合っても説得力がない。そもそも内なる批判は、客観的根拠に基づくものではなく、傷つくことや失敗することに対して人間が本能的に抱く過剰な恐怖に基づいている。他人から「大丈夫」とか「あなたならできる」とか言われても、心の底にある恐怖が和らぐことはない。それどころか、自分は見かけ倒しのにせものだというストレスを増強する危険性すらある。

「私は自分がやるべき仕事を全然わかっていないのに、そのことを誰も理解してくれない。きみならら大丈夫だ、できる、絶対できる、と言うけれど、できないことは自分がいちばんわかっている！」という屈折を強化してしまうのだ。

第二に、褒めたり安心させたりすることで一時的には自信喪失を緩和できたとしても、そんな方法では、いつもあなた（またはあなたと同じ方針で声をかける誰か）がそばにいなければならない。それは魚を与えているだけで、魚の釣り方を教えたことにはならない。自己不信を自分で克服する方法を教える必要がある。

彼らに本当に必要なのは、自分の力で何とかする方法なのだ。そうでなければ、彼らは人に相談する前に、内なる批判を受け入れて自分でさっさと否定的な結論を出してしまう。

二つのステップで自己不信に正面から取り組む

ではどうすればいいのだろう。それは、部下に話す内容のレベルを引き上げることだ。彼らの頭のなかで声を発している内なる批判に議論を挑むのではなく、自己不信そのものについて話し合うということだ。

自己不信とは何か？　なぜ私たちは自己不信に陥るのか？　個人の自己不信はチーム全体にどう影響するのか？　そのようなテーマに視点を移すのである。そのためには二つのステップを踏む必要がある。

①内なる批判を正しく理解させる

まず、その自己不信に名前をつけるとよい。「インポスター症候群」でも「猜疑心」でも「サル知恵」でも、あるいはあなたの職場や仕事内容から適当と思える別の名前でもよいだろう。

ここで大事なことは、すべての人の頭のなかには、不安や非合理性によってねじ曲げられた、現実を反映しない考え方があって、それが自分の能力の過小評価につながっていると知ることだ。たとえば、こんな声には注意が必要だ——手ひどい批判、不合理だったり虚偽だったりする、壊れたレコードのように聞こえる、など。(注1)

次の表は、失敗への恐れから生まれる内なる批判に影響された考え方と、現実に即した合理的な考え方の違いを示している。

②内なる批判に対処するスキルを身につけさせる

新しい役割や大きな責任を引き受ける時、あるいは何か意思表明しようとする時には、誰でも恐れや自己不信が生じるのが当然だ。まずそのことを部下に明確に伝えておこう。彼らに求めるべきことは、不動の自信を持つことではなく、自分を制約する思い込みや自己不信を上手

2つの異なる考え方の対照表

内なる批判に影響された考え方	現実に即した考え方
•自分のことも現状のことも正しく知っていると思い込んでいる。 •イエスかノーで答えさせる質問を投げかけてくる。「あなたにできる？」 •「問題」に意識を向けさせる。 •不安げで悲観的な調子で語りかけてくる。 •白か黒か、100か0か、という極端な考え方をする。 •何度も繰り返す。	•自分についても現状についても知らないことがあると認め、それを知ろうとする意欲がある。 •オープンエンドの質問を投げかける。「どうすればできる？」「できる部分はどこ？」 •解決策を模索する。 •思考を促す落ち着いた調子で語りかけてくる。 •微妙なこと、曖昧なことも受け入れ、理解する。 •事を前に進めようとする。

に手なずけることなのだ。

それを最初に伝えることで、部下は、成長する力やリーダーシップは、生まれながらに自信満々の人だけのものではなく、自己不信に対処するスキルを身につければ誰もが獲得できる、という新しい考え方を知って勇気を得ることができる。

自己不信をコントロールする方法は簡単だ。自分のなかで批判が始まったら、まずそのことに気づき、批判の内容にふさわしい名前をつけて意識化することだ。「私の内なる批判がまた同じ話を繰り返している」と気づくのは難しいことではない。

内なる批判は本能的恐怖から生じていること

が理解でき、どういう場合にそれが語りかけてくるかがわかれば、たいていの人はゆえなき批判に振り回されなくなり、自分の合理的な考えに従って判断を下せるようになる。

私のコースで学んだ電気通信会社の女性マネジャーは、自分の学びを会社の同僚に伝えるために小さなグループミーティングを行った。そこに参加した一人は、「頭のなかに否定的なささやきがあるのは自覚していたけれど、それが自分の判断や意思決定にこれほどの悪影響を及ぼしていたとは思わなかった」と感想を述べた。別の参加者は、これまで昇進せずにいたのは内なる批判のせいだったと気づき、その後の昇進機会では自ら手を挙げ、周囲を納得させて昇進をつかんだ。

専門的サービス会社の幹部であるグレースは、職掌が大きく変わって内なる批判に悩まされ始めたマネジャーをサポートした経験がある。その時のことを次のように話してくれた。

「まず彼女を励まし、次に、仕事が変わったことでなぜ内なる批判が始まったのかを一緒に考え、新しい仕事を進めるための計画を一緒に練りました。彼女は多くの課題を達成して周囲から評価されましたが、いつもうまくいったわけではありません。うまくいかなかった場合は、内なる批判が影響したからなのか、影響したとすればどんな影響があったのかを、一緒に掘り下げて考えました。

やがて彼女は、自分のなかの内なる批判がいつネガティブな考えを自分に吹き込み始めるかを予測できるようになり、黙らせる方法も身につけていったのです。そうやって困難な変化の時期をしっかり乗り切ってくれました」

＊　＊　＊

部下には最大限の能力を発揮してもらい、成長のための挑戦を続けてもらわなくてはならない。そのためには、彼らを何度も襲う自己不信に打ち勝ってもらう必要がある。内なる批判に正面から向き合い、自己不信に対処する方法を教えることで、マネジャーは部下に力を与えることができるのである。

タラ・ソフィア・モア（Tara Sophia Mohr）
女性のリーダーシップに関する専門家。アップルの iBooks で年間最優秀図書に選ばれた *Playing Big* の著者。プレイング・ビッグ・ファシリテーターズ・トレーニング（Playing Big Facilitators Training）プログラムを構築し、自分の可能性を広げたいと望む女性を支援するコーチ、メンター、マネジャー、そしてリーダーシップ開発の専門家を指導している。

12

女性は男性より要求される基準が多い

マルガリータ・マヨ
Margarita Mayo

"To Seem Confident, Women Have to Be Seen as Warm,"
HBR.ORG, July 08, 2016.

男性は自信と能力だけで済むが、女性には人格まで求められる

リーダーシップを発揮するポジションに女性がほとんどいないのはなぜだろう。私と私の研究仲間（ESMTのローラ・ギレン、INSEADのナタリア・カレリア）は、この難問に新たな光を当てた。まず、この問題の背景から述べる。

よく言われる理由の一つは、「自信」と関係がある。以前行った研究で、私たちは、女性は自分の能力を正しく評価する傾向があるが、男性は自分の能力を割り増して評価する傾向があることを発見した。(注1)だとすれば、女性は男性より自分に自信がないから昇進できない、という仮説が成り立つ。

その研究では、女性が自分をどう評価しているかを測定したわけだが、周囲の人（上司、部下、同僚）が女性の自信をどう評価しているか、何がその評価に影響を与えているかについても調べた。

スーザン・フィスクとその同僚たちは、人が他者を評価する際には例外なく二つの尺度、「能力」と「あたたかさ」を使っているであろうことを指摘した。(注2)そこで私たちは、「自信」に

12. To Seem Confident, Women Have to Be Seen as Warm

この二つを加えた三つの要素について調査を行った。昇進の可能性の代理変数としては「影響力」を選んだ。影響力がある人はリーダーに昇進する可能性が高いという考えに立脚したものである。

ソフトウェア開発の多国籍企業のプロジェクトチームで働く男女二三六人のエンジニアについて、その能力とあたたかさを、周囲の八一〇人（監督者、同僚、業務協力者）にオンラインで非公開評価をしてもらった。(注3)

そして一年後に二回目の調査を行い、同じ二三六人のエンジニアについて、その自信と影響力について調べた。二回目の調査では、周囲の一二三六人が非公開評価を行った。

その結果、男性は、能力があると評価されれば自信があると評価される単純な傾向が見られたが、女性は、能力とあたたかさの両方が認められなければ、自信があると認められないことがわかった。女性が能力を活かし、自信を持ち、影響力を発揮するためには、あたたかい人だと思われなくてはならないことがわかったのである。男性は有能でさえあれば、人柄とは無関係に、自信も影響力もあると評価された。

言い換えれば、男性エンジニアの場合は能力と自信は直結していて、有能な人は自信ありと見られる（その逆も然り）。人に好かれているかどうかには関係なく、自信がある人ほど組織への影響力が大きかった。男性の場合、あたたかい人かどうかの評価は、自信や影響力の評価とは無関係のようだった。少なくとも、エンジニアリングのような典型的な男性の仕事ではそのことが言える。

女性の場合は、あたたかいと認められた人でなければ、能力があっても自信があるとは評価されなかった。能力とあたたかさがそろって初めて自信があると評価され、影響力があると評価された。有能でも人当たりが悪い女性エンジニアは、専門的な役割を果たす自信がないと見なされ、実際に組織で影響力を発揮していなかった。女性の専門家としてのパフォーマンスは、常に人格的あたたかさとセットで評価されているということだ。

個人的な経験からも実証的な研究からも、女性は男性以上に人付き合いがよく、おおらかで、人当たりがよく、親切でなければ、あたたかい人だと評価してもらうことができず、能力や自信を認めてもらうこともできないことがわかる。

女性と男性が同じ基準で選ばれる日は来るか

個人的な話になるが、助講師として受けた最初の業績評価のことを覚えている。もっと「育てる意識を持ちなさい」と言われた。私は、男性と同じくらい多くの社交イベントに顔を出していたし、学生たちとも男性教官と同じような距離感で接していた。だが女性には、それ以上のあたたかさを示すことが期待されているのだ。一例を挙げれば、女性のレビューには、あたたかさ、共感、親切、他者への献身といった言葉が、男性のレビューの二倍の頻度で現れるという研究もある。(注4)

私たちの研究は、男性偏重の世界で女性が成功するためには、もっと自信を持てと励ますだけでは十分ではないことを示唆している。女性が自信も能力もあると評価され、影響力を発揮するためには、相当な努力をしてあたたかい人だと思ってもらう必要がある。

この結論が間違っていることを願っている。そして、女性と男性が同じ実力主義の基準で評価されることを望んでいる。しかし、私たちの研究から浮かび上がる現状は、そうした理想とはほど遠い。

マルガリータ・マヨ（Margarita Mayo）
IEビジネススクール教授（リーダーシップおよび組織行動）。二〇一七年、「世界で最も影響力のある経営思想家トップ五〇人」（Thinkers 50）に選ばれた。著書に*Yours Truly : Staying Authentic in Leadership and Life*（未訳）がある。

12. To Seem Confident, Women Have to Be Seen as Warm

13

適性に欠ける男性がリーダーに登用される理由

トマス・チャモロ=プレミュジック
Tomas Chamorro-Premuzic

"Why Do So Many Incompetent Men Become Leaders?,"
HBR.ORG, August 22, 2013.

尊大、傲慢、自信過剰――リーダーシップと相反する特性ゆえに評価される男性

女性マネジャーは明らかに過小評価されている。それについては、一般的に三つの説明がある。①能力がない。②マネジメントに興味がない。③能力も興味もあるが、「ガラスの天井」を破ることができない。

ガラスの天井とは、偏見とステレオタイプが原因の目に見えないキャリアの壁のことで、女性の昇進を妨げている。保守派と男性優越論者は一つ目の説明を支持する傾向があり、リベラル派とフェミニストは三つ目を好む。どちらにも賛成できない人は二つ目の説に落ち着くのが相場となっている。だが、三つとも問題の全体像が正しく見えていないのではないだろうか。

私の考えでは、管理職に占める男女比率がバランスを欠いている主な原因は、私たちが「自信」と「能力」を区別できないことにある。つまり、すべての人間は、一般に、自信がありそうな人を見ると能力があると間違った判断を下してしまうために、男性は女性よりリーダーに向いていると思い込んでいるのだ。

言い換えると、リーダーに女性より男性が多いのは、尊大さ（困ったことに、これがしばし

ばカリスマ性や人間的魅力として受け入れられる）がリーダーとしての能力のように思われていて、尊大な人間は女性より男性に多いからにすぎない、ということだ（アルゼンチンからノルウェー、米国から日本まで、そのことに例外はない）（注1）。

この考えは、リーダーのいない集団では自己中心的で自信過剰なナルシストがリーダーに選ばれる傾向があるという知見とも、そのような人格特性は女性より男性で多く見られるという知見とも一致する（注2）。

フロイトも、リーダーを生む心理的プロセスは人々（フォロワー）が自分たちのナルシシズム的傾向をリーダーの性向のなかに読み取る時に生じる、と論じている。リーダーに対するフォロワーの愛は偽装された自己愛であり、自分を愛せない人々が己を愛する代わりにリーダーを愛するのだ、と。

「自分の一部を放棄している人は、他者のナルシシズムに強く引かれる。満たされた心理状態を維持できる人々をうらやんででもいるかのようだ」

実のところ、世界のほとんどどこでも男性は、自分たちは女性より賢いと考える傾向がある（注3）。

だが、傲慢と自信過剰はリーダーシップに求められる性向とは反対のものだ。リーダーシップとは、優れたチームをつくり、機能させ続け、フォロワーに私心を捨てて集団のために働くことを促す能力なのだから。

実際、スポーツ、政治、ビジネスのいずれにおいても、最高のリーダーは謙虚であることが多い。生まれつきの性質においても、成育過程で獲得した性質においても、謙虚さは男性よりも女性に多く見られる。たとえば、謙虚な行動のドライバーとも言えるEI（Emotional Intelligence：感情的知性）において、女性は男性より優れている。(注4)

ジェンダーの違いがパーソナリティに与える影響について、二六の文化から二万三〇〇〇人以上の参加者を集めて行った定量的調査では、女性は男性よりセンシティブで、思いやりがあり、謙虚であることが判明している。これはおそらく、社会科学のなかで最も直感と一致する発見の一つである。(注5)

リーダーのパーソナリティの負の側面を調べると、さらに明確になることがある。四〇カ国のさまざまな産業部門から、何千人ものマネジャーを抽出して調べたところ、男性は常に女性より傲慢で、操作的で、リスクを冒す傾向があると判明した。(注6)

逆説的だが、男性をビジネスや政治の世界で頂点に押し上げる心理的特性は、彼らを失敗と転落に導く心理的特性でもあるということだ。言い換えれば、リーダーになるうえで役立った資質は、その仕事を全うするために必要な資質とは異なるどころか、反対のものだということだ。だからこそ、これほど多くの無能な人間が、有能な人を差し置いてリーダーの座に居座っているのだ。

神格化されたリーダーたちの顔を思い浮かべると、パーソナリティ障害に似た性格を見て取ることができる。ナルシシズム（スティーブ・ジョブズやウラジミール・プーチン）、演技性パーソナリティ障害（リチャード・ブランソン、スティーブ・バルマー）、マキャベリスト（ほぼすべての国政レベルの政治家）、サイコパス（適当な専制君主を思い浮かべていただきたい）などだ。

男性には無能さに報酬を与え、女性には有能さを罰する

悲しむべきことは、これらの伝説的リーダーが、私たちの周囲にいる平凡なマネジャーとかけ離れた存在ではなく、平凡なマネジャーが、これら伝説的マネジャーと同じ心理的特性を

持っているということだ。そして、そのために失敗するということだ。

実際、政治家であれ企業家であれ、リーダーはいつか失敗する。ほとんどの国家、企業、社会、組織は、おそまつなマネジメントの下に置かれている。平均寿命や所得、政権支持率を見ても、あるいはリーダーが市民、従業員、部下、メンバーに及ぼす影響力を見ても、それは明確だ。優れたリーダーは例外である。

だから、『リーン・イン』（世界的ベストセラーとなったシェリル・サンドバーグの著書）をめぐる議論の多くが、速度を落とさずにカーブに突っ込んでいくリーン・イン走法のようなリーダー特性を女性に求めているように思えて違和感があった。

たしかに、私たちはこういうタイプの人間をマネジャーに選んでいる。だが、本当にそれでいいのだろうか。

効果的なリーダーシップにとって真に有利な性格特性のほとんどが、管理職向きではないと思われている人のなかにむしろ多く見られる。これは特に女性に当てはまる。

女性のほうが男性より効果的なリーダーシップ・スタイルを採用しやすいという議論があり、それには説得力のある科学的証拠が存在する。特に注目に値するのは、アリス・イーグリーらが行った関連諸研究の包括的レビューだ。(注7) それによると、女性マネジャーは、部下から尊敬され、部下に誇りを与え、ビジョンを効果的に伝え、エンパワーし、指導し、問題に対して柔軟かつ創造的な方法で取り組み（いずれも「変革的リーダーシップ」を構成する要素だ）、部下に公平に報いる傾向がある。

対照的に、男性マネジャーは、部下との絆やつながりが弱く、実際の業績に応じて報いるという点でも女性より劣ることが数字に表れている。ただし、その結果には、調査対象となった女性マネジャーは比較対照される男性マネジャーよりレベルが高い（男性より厳しい条件をクリアしてその地位に就いた）というサンプルの偏りが反映されている可能性はある。残念ながら、リーダーシップ能力の男女差については、昇進における偏りがなくなるまで、真実を知る術はない。

要するに、女性がリーダーになるには多くの障害を克服し、分厚いガラスの天井を破らなくてはならない。それも大問題だが、もっと大きな問題は、無能な男性には同じような障害がないことと、平均的な男性を無能なリーダーに押し上げている心理的特性がリーダー的資質とはき違えられていることだ。(注8)

その結果が、男性には無能さに報酬を与え、女性には有能さを罰するという、すべての人に不利益しかもたらさない、心理学的研究の対象になりそうな現在のビジネスや政治を生んでいるのである。

トマス・チャモロ＝プレミュジック（Tomas Chamorro-Premuzic）
心理学者。マンパワー・グループのチーフ・タレント・サイエンティスト。ユニバーシティ・カレッジ・ロンドンとコロンビア大学でビジネス心理学を教え、またハーバード大学のアントレプレニュアル・ファイナンス・ラボのアソシエイトも兼務する。著書に『自信がない人は一流になれる』（ＰＨＰ研究所）などがある。

14

Harvard Business Review
Emotional Intelligence
CONFIDENCE

自信がない人のほうが成功する理由

トマス・チャモロ＝プレミュジック
Tomas Chamorro-Premuzic

"Less-Confident People Are More Successful,"
HBR.ORG, July 06, 2012.

極端な自己不信でなければ、自信がないほうが成功する可能性は高まる

自信がなければ成功できない――ビジネス心理学でこれほど広く浸透している決まり文句は、他にない。だが、この神話からの脱却を図るべき時がきた。実際は、自信がないほうが成功の可能性が高くなるのだ。

働く人の能力に関して、長年にわたって研究とコンサルティングを行ってきた私は、このほど自信は控えめなほうが役に立つという結論に達した。

たしかに、自信がなさすぎるのはよくない。恐怖、心配、ストレスにつながってパフォーマンスが阻害され、遅かれ早かれ逃げ出してしまうことになりかねない。しかし、適度なレベルであれば、自信がない人のほうが「目標が現実的になり」「達成の可能性が高まる」のである。

このことに何か問題があるだろうか。誰もがコカ・コーラのCEOになれるわけでもないし、次のスティーブ・ジョブズになれるわけでもないのだ。もちろん、その必要もない。

自信がない人のほうが、自信がある人より成功する可能性が高くなるということには、三つの主な理由がある（極端に自信がない人については話が別である）。

理由①自信がない人は、ネガティブ・フィードバックに耳を傾ける

自信がない人は、負のフィードバック（ネガティブフィードバック）に注意を払い、自分を正しく省みる。

その点、自信がある人は楽観的な偏見にとらわれ、自らに向けられたポジティブ・フィードバックばかりに耳を傾け、ネガティブ・フィードバックを無視する傾向がある。

自信を持って自分を押し出せるという利点はあるものの、あらゆる分野（教育、ビジネス、スポーツ、演劇など）において、コンピテンシーを構成する割合は、準備が九〇％、本番が一〇％である。そして、自分の弱点や欠点をわきまえている人ほど念入りに準備を行うので、成功する可能性が高まるのである。

自信のない人は自分の見通しを悲観しがちだが、悲観と野心が組み合わさると、しばしば大きな成果につながる。何事でも一番になりたければ、現状に甘んじず、厳しく自分を見つめる必要がある。自信満々の状態から出発したら、とてもそうはいかない。

高いレベルに達する人は、その過程で不安や自信喪失に陥ることもあるが、自分で納得でき

るレベルの能力を身につけるまで、厳しい練習を続ける。自信不足からくる不安に対する最高の薬は、成功である。自信のない人ほど成功を目指して頑張る。

理由②自信がない人は、一生懸命努力する

自信がない人には、熱心に働き、しっかり準備する動機がある。目標に対して真剣なら、自分の能力に自信がない人のほうが、一生懸命働こうという気持ちで取り組む。自信がないのに取り組みがおざなりというのなら、実は目標を真剣に追求していないということで、問題は自信の有無ではない。

多くの人が特筆すべき成功を収めたいと願っているが、そのために必要なことをきちんとやる人は少ない。スリムで、健康で、魅力的な体形になって輝きたいと思う人はたくさんいるが、そのために必要な努力をする人はほとんどいない。つまり、自分で思っているほど強く願っていないということだ。

伝説のサーチ&サーチの元クリエイティブ・ディレクター、ポール・アーデンが言ったよう

に、「ほしければ、強く望んで手に入れろ。望みのものを手に入れたければ、必要なことをやれ」である。

願いが本物なら、自信がない人のほうが、願望と現状のギャップがはっきり見えるので、実現のために多く努力することになる。

理由③自信がない人は、傲慢にならない

この世界では、ドナルド・トランプからレディー・ガガ、リアリティショーの新星まで、自分を崇拝する人がもてはやされる。自信過剰と尊大の行き着く先については議論の余地がない。ギャラップの調査では、米国の従業員の六〇%以上が自分の仕事を嫌っている。上司が傲慢だから、というのが最大の理由である。マネジャーが傲慢でなくなれば、仕事中にフェイスブックにアクセスする従業員が減り、生産性が上がり、離職率も下がるだろう。

自信がない人は傲慢にならず、誇大妄想にとらわれることもない。自信がない人は他者を非難せず、自分の間違いを認める。人の手柄を横取りすることなどめったにない。

つまり、自信のなさは、本人だけでなく組織や社会全体に利益をもたらすのである。これは最大の利点と言える。

＊　＊　＊

簡単に言えば、真剣に目標達成を目指す人にとって、自信がないことは強い味方になる。自信がない人は一生懸命に働き、限界を超えるために取り組み、嫌な奴にならずに済み、勘違いして足元をすくわれるようなこともなくなる。

ビジネス心理学の神話は、自信がある者は幸いであり、自信がない者は不幸である、と告げる。実際はその逆だ。いまこそ、偽りの神話の呪縛を解かなくてはならない。

トマス・チャモロ＝プレミュジック（Tomas Chamorro-Premuzic）
心理学者。マンパワー・グループのチーフ・タレント・サイエンティスト。ユニバーシティ・カレッジ・ロンドンとコロンビア大学でビジネス心理学を教え、またハーバード大学のアントレプレニュアル・ファイナンス・ラボのアソシエイトも兼務する。著書に『自信がない人は一流になれる』（ＰＨＰ研究所）などがある。

3) Sophie von Stumm et al., "Decomposing Self-Estimates of Intelligence: Structure and Sex Differences Across 12 Nations," *British Journal of Psychology* 100, no.2 (May 2009): 429-442.
4) S.Y.H. Hur et al., "Transformational Leadership as a Mediator Between Emotional Intelligence and Team Outcomes," *The Leadership Quarterly* 22, no.4 (August 2011):591-603.
5) Paul T. Costa, Jr. et al., "Gender Differences in Personality Traits Across Cultures: Robust and Surprising Findings," *Journal of Personality and Social Psychology* 81, no.2 (September 2001):322-331.
6) Blaine H. Gaddis and Jeff L. Foster, "Meta-Analysis of Dark Side Personality Characteristics and Critical Work Behaviors among Leaders across the Globe: Findings and Implications for Leadership Development and Executive Coaching," *Applied Psychology* 64, no.1 (August 27, 2013).
7) Alice H. Eagly and Blair T. Johnson, "Gender and Leadership Style: A Meta-Analysis," *Psychological Bulletin* 108, no.2 (September 1990): 233-256.
8) Anne M Koenig et al., "Are Leader Stereotypes Masculine? A Meta-Analysis of Three Research Paradigms," *Psychological Bulletin* 137, no.4 (July 2011): 616-642.

6. 演じることは、必ずしも自分を偽ることではない

1) Herminia Ibarra, "The Authenticity Paradox," *Harvard Business Review*, January–February 2015.（邦訳「『自分らしさ』が仇になる時」『DIAMONDハーバード・ビジネス・レビュー』2016年2月号）

9. 組織としての自信をいかに培うべきか

1) Rosabeth Moss Kanter, *Confidence: How Winning Streaks and Losing Streaks Begin and End*, Crown Business, 2004.

10. 優れたリーダーに欠かせない四つの要素

1) Peter Bregman, *Leading With Emotional Courage: How to Have Hard Conversations, Create Accountability, And Inspire Action On Your Most Important Work*, Wiley, 2018.

11. 自信を持てない部下に、何をどう語りかけるか

1) Tara Mohr, "7 Ways to Recognize Your Inner Critic," www.taramohr.com/.

12. 女性は男性より要求される基準が多い

1) Margarita Mayo et al., "Aligning or Inflating Your Leadership Self-image? A Longitudinal Study of Responses to Peer Feedback in MBA Teams," *Academy of Management Leaining & Education* 11, no. 4 (2012): 631-652.
2) Suzan T. Fiske et al., "Universal Dimensions of Social Cognition: Warmth and Competence," *Trends in Cognitive Sciences* 11, no.2 (2006):77-83.
3) Laura Guillén et al., " The Competence-Confidence Gender Gap: Being Competent Is Not Always Enough for Women to Appear Confident," working paper (Berlin: ESMT, 2016).
4) Shelley J. Correll and Caroline Simard, "Research: Vague Feedback Is Holding Women Back," HBR.ORG, April 29, 2016.

13. 適性に欠ける男性がリーダーに登用される理由

1) Adrian Furnhama et al., "Male hubris and female humility? A crosscultural study of ratings of self, parental, and sibling multiple intelligence in America, Britain, and Japan," *Intelligence* 30, no.1 (January–February 2001): 101-115; Amanda S. Klabzuba and Michael D. Mumford, "When Confidence Is Detrimental: Influence of Overconfidence on Leadership Effectiveness," *The Leadership Quarterly* 22, no.4(August 2011):649-665; Ernesto Reubena et al.,"The emergence of male leadership in competitive environments," *Journal of Economic Behavior & Organization* 83, no.1 (June 2012): 111-117.
2) The Ohio State University, "Narcissistic People Most Likely to Emerge as Leaders," Newswise, October 2008.

注

1. 自分に自信をつける方法

1） Tony Schwartz, Jean Gomes, Catherine McCarthy, *Be Excellent at Anything: The Four Keys to Transforming the Way We Work and Live*, Simon and Schuster, 2011.

3. 「インポスター症候群」を克服する方法

1） Howard Schultz, "Good C.E.O.'s Are Insecure (and Know It)," interview by Adam Bryant, *New York Times*, October 9, 2010.
2） Karim R. Lakhani et al., "The Value of Openness in Scientific Problem Solving," working paper 04-050 (Boston: Harvard Business School, 2007).
3） Carol Dweck, "The Power of Believing That You Can Improve," filmed November 2014 in Norrköping, Sweden, TED talk.
4） Roger Jones, "What CEOs Are Afraid Of", HBR.ORG, February 24, 2015.
5） "Tina Fey - From spoofer to movie stardom," *The Independent*, March 19, 2010.

4. トップアスリートに学ぶメンタルの整え方

1） Daniel McGinn, *Psyched Up:How the Scinece of Mental Preparation Can Help You Succeed*, Portfolio Penguin,2017.

5. 中途半端な経験が自信過剰を招く

1） Hart Research Associates, *Falling Short? College Learning and Career Success* (Washington, DC: Association of American Colleges and Universities, 2015).
2） Carmen Sanchez and David Dunning, "Overconfidence Among beginners: Is a Little Learning a Dangerous Thing?" *Journal of Personality and Social Psychology*114, no.1 (2018):10-28.
3） 同上
4） Bawarjan Schatlo et al., "Unskilled Unawareness and the Learning Curve in Robotic Spine Surgery," *Acta Neurochirurgica* 157, no.10 (October 2015): 1819–1823.
5） William R. Knecht, "The 'Killing Zone' Revisited: Serial Nonlinearities Predict General Aviation Accident Rates from Pilot Total Flight Hours," *Accident Analysis & Prevention* 60 (November 2013):50-56.
6） Stephen Avard et al., "The Financial Knowledge of College Freshmen," *College Student Journal* 39, no.2(June 2005): 321-339.
7） FINRA Investor Education Foundation, *Financial Capability in the United States 2016*, July 2016.

『Harvard Business Review』（HBR）とは

ハーバード・ビジネス・スクールの教育理念に基づいて、1922年、同校の機関誌として創刊され、エグゼクティブに愛読されてきたマネジメント誌。また、日本などアジア圏、ドイツなど欧州圏、中東、南米などでローカルに展開、世界中のビジネスリーダーやプロフェッショナルに愛読されている。

『DIAMONDハーバード・ビジネス・レビュー』（DHBR）とは

HBR誌の日本語版として、米国以外では世界で最も早く、1976年に創刊。「社会を変えようとする意志を持ったリーダーのための雑誌」として、毎号HBR論文と日本オリジナルの記事を組み合わせ、時宜に合ったテーマを特集として掲載。多くの経営者やコンサルタント、若手リーダー層から支持され、また企業の管理職研修や企業内大学、ビジネススクールの教材としても利用されている。

藤原和博（ふじはら・かずひろ）

教育改革実践家／元リクルート社フェロー
杉並区立和田中学校・奈良市立一条高校・元校長
リクルートのトップセールス、新規事業部長を経て初代フェローというスーパービジネスマンの世界から転じ、東京都初の民間中学校長や奈良市一条高校校長として様々な改革を断行。講演回数1500回超の人気講師で、書籍は『10年後、君に仕事はあるのか？』『100万人に1人の存在になる方法』（ダイヤモンド社）など84冊累積150万部。
詳しくは「よのなかnet」https://www.yononaka.net に。

ハーバード・ビジネス・レビュー［EIシリーズ］

自信

2020年9月1日　第1刷発行

編　者——ハーバード・ビジネス・レビュー編集部
訳　者——DIAMONDハーバード・ビジネス・レビュー編集部
発行所——ダイヤモンド社
〒150-8409　東京都渋谷区神宮前6-12-17
https://www.diamond.co.jp/
電話／03·5778·7228（編集）　03·5778·7240（販売）

ブックデザイン——コバヤシタケシ
製作進行——ダイヤモンド・グラフィック社
印刷————勇進印刷（本文）・加藤文明社（カバー）
製本————ブックアート
編集担当——前澤ひろみ

ISBN 978-4-478-10797-3